Carl Vossen

Maria von Burgund

Carl Vossen

MARIA VON BURGUND

*Des Hauses Habsburg
Kronjuwel*

*Seewald Verlag
Stuttgart*

Dritte Auflage 1984
Alle Rechte vorbehalten
© Seewald Verlag Dr. Heinrich Seewald GmbH & Co.,
Stuttgart-Degerloch 1982. Schutzumschlag: Claudia
Böhmer, München. Gesamtherstellung: F. L. Wagener,
Lemgo. Printed in Germany. ISBN 3 512 00636 1

Inhalt

Zahlen, die im laufenden Text in Klammern erscheinen, sind Hinweise auf das unter dieser Ziffer in »Benutzte Literatur« auf Seite 173 angegebene Werk.

Zum 500. Todestag von
Maria von Burgund am
27. März 1982

»Auch wenn Maria nur das kurze Leben
einer leuchtenden Sternschnuppe
beschieden war – sie glänzte hell
genug, um bis heute zu strahlen.«

(Helmut Domke)

Vorwort

Am 27. März 1482 beschloß Maria von Burgund nach einem Jagdunfall ihr junges Leben. 500 Jahre sind seitdem vergangen. Ihr Andenken aber lebt weiter, und nicht nur in Innsbruck, wo Kaiser Maximilian seiner geliebten Gattin ein bleibendes Denkmal setzte, oder in Brügge, wo das ergreifende Grabmal in der Kirche »Unserer lieben Frau« an sie erinnert. Der 500. Todestag aber sollte Anlaß sein, dieser bezaubernden jungen Fürstin neben dem Abbild in Bronze und Marmor auch ein literarisches Denkmal zu setzen, das ihrem hohen Rang gerecht wird.

Hätte es damals die bunten Illustrierten unserer Tage gegeben, sie wären nicht müde geworden, über Maria von Burgund, die kostbarste und anmutigste Braut Europas, zu berichten. Denn kein Roman kann farbiger und dramatischer sein als ihr Leben zwischen Glanz und Angst, zwischen Sehnsucht und Erfüllung.

Eine Persönlichkeit jedenfalls, die uns auch heute noch zu fesseln und zu entzücken vermag – so wie damals ihre Zeitgenossen, insbesondere ihren Märchenprinzen aus Wien. Eine Liebesgeschichte im übrigen, wie sie zarter und bewegender nicht erdacht werden kann, und um so denkwürdiger, als damals die Ehen der Machthaber fast ausschließlich von politischer Berechnung bestimmt waren und nur selten von echter Zuneigung. Diese Verbindung mit dem Hause Habsburg erschließt aber auch ihre welthistorische Bedeutung, die weit über Burgund und Flandern hinausweist, darf Maria doch als Mutter eines Kaiserreiches gelten, welches selbst das römische Imperium an Ausdehnung übertraf.

Die Beschäftigung mit Maria von Burgund bezieht automatisch weitere Themenkreise von allgemeinem Interesse ein: z. B. die Geschichte Burgunds, das Goldene Vlies, die Jagd mit dem Falken, den Aufstieg des Hauses Habsburg. Darüber hinaus werden Persönlichkeiten wie Karl der Kühne, Kaiser Maximilian und Hans Memling sowie bedeutende Frauen wie Isabelle de Bourbon und Margarete von York gewürdigt. Den lebendigen Hintergrund der

Handlung bilden die Städte Brüssel, Wien, Gent, Brügge, Köln, Neuss und Trier.

Insgesamt bemüht sich der Autor, eines der farbigsten Zeitbilder der Menschheitsgeschichte in unterhaltender Form vor Augen zu führen. Mittelpunkt aber bleibt diese warmherzige junge Frau, die nicht nur Mut, Klugheit und Anmut als liebenswürdigste Eigenschaften ihrer Eltern, sondern auch die Ideale lebendig erhielt, die sich für alle Zeiten mit der denkwürdigen Epoche »Burgund« verbinden: Ritterlichkeit, Eleganz, Frömmigkeit sowie Kultur des Herzens und der Sinne.

Hauptpersonen der Handlung

Maria (franz. Marie), Erbprinzessin, später Herzogin von Burgund, 1457–1482

Isabella von Bourbon, Gräfin von Charolais, Marias Mutter, †1465

Karl (der Kühne), Graf von Charolais, seit 1467 Herzog von Burgund, Marias Vater, 1433–1477

Philipp (der Gute), Herzog von Burgund, Marias Großvater, 1396–1467

Isabelle von Portugal, Herzogin von Burgund, »Madame la Grande«, Marias Großmutter, †1471

Margarete von York, Herzogin von Burgund, 2. Gemahlin Karls des Kühnen (seit 1468), Marias belle-mère, 1446–1503

Maximilian, Erzherzog von Österreich, Gemahl Marias (Heirat 1477), später Kaiser, 1459–1519

Eleonore von Portugal, Kaiserin, Mutter Maximilians, †1463

Friedrich III., Vater Maximilians, 1415–1493, Kaiser von 1452–1493

Philipp der Schöne, Sohn Marias und Maximilians, 1478–1506, König von Kastilien 1504–1506

Margarete von Österreich, Tochter Marias und Maximilians, 1480–1530, Statthalterin der Niederlande 1507–1530

Mademoiselle de Poitiers (Aliénor), Hofdame in Brüssel

Madame d'Halewyn, Marias Gouvernante in Gent

Hugonet, Guillaume, Kanzler von Burgund, †1477

Memling, Hans, Maler in Brügge, †1494

Ludwig XI., 1423–1483, seit 1461 König von Frankreich

Marias Freier:

König Johann II. von Aragon (für seinen Sohn Ferdinand)	1462
Herzog von Guyenne, Bruder Ludwigs XI.	1463
Herzog Sigmund von Tirol (für Erzherzog Maximilian)	1469

Ludwig XI. für seinen 2jährigen Sohn,
den späteren König Charles VIII.   1471
Nikolaus, Herzog von Lothringen und Kalabrien   1472
Prinz Friedrich von Tarent, Sohn des Königs
von Neapel   1474
Galeazzo Sforza von Mailand   1475
Philibert von Savoyen   1475
Nach dem Tode Karls des Kühnen (1477)
bewerben sich: 1477
Ludwig XI. (erneut für den Dauphin), die Söhne des
Herzogs von Kleve sowie des Herrn von Ravenstein (Vettern und ehemalige Spielgefährten Marias), der Herzog
von Geldern sowie zwei englische Prinzen

Hauptstädte des Geschehens: Brüssel, Wien, Gent,
Brügge, Köln, Trier, Neuss, Nancy

Das Zeremoniell einer erlauchten Geburt

Im Schloß der Herzöge von Brabant zu Brüssel sieht Isabelle, Gräfin von Charolais, ihrer Niederkunft entgegen. Sie ruht unter einem prächtigen Himmel aus grüner Damastseide. Von den Vorhängen im gleichen Ton hebt sich der blütenweiße Glanz der hermelinbesetzten Bettdecken wirkungsvoll ab.

Vielerlei geht der Gräfin in diesen Februartagen des Jahres 1457 durch den Sinn. Doch niemals wäre sie auf den Gedanken gekommen, daß das Kind, welches sie erwartet, einst als Stammutter eines Weltreiches in die Geschichte eingehen würde.

Im übrigen sieht sie es als natürlich an, daß sie einstweilen der Gesellschaft mehr oder weniger entrückt ist. Sie hat inzwischen gelernt, sich an die ausgeprägte höfische Etikette der Burgunder zu gewöhnen. Sie kennt den abgezirkelten Ritus und die feinen Nuancen dieses Hoflebens. Mit der Ausstattung des Zimmers einer Wöchnerin ihres Standes muß sie sich allerdings erst vertraut machen. So wird sie u. a. darin eingeweiht, daß zur vorschriftsmäßigen Möblierung zwei große Prunkbetten gehören. Eine geradezu kultische Rolle aber spielt der Anrichtetisch (dressoir). Vier Stufen führen zu ihm empor. Als Bürgerliche hätte sie, wie man ihr bedeutet, auf nur eine Stufe Anrecht gehabt, während adligen Personen — je nach dem Rang ihres Gatten — zwei bzw. drei Stufen zukommen. Zu einem vierstufigen Möbel aber darf sich nur eine Prinzessin königlichen Geblüts wie Isabelle de Charolais erheben. Darüber steht nur die Königin von Frankreich, der einzig fünf »degrés« gebühren.

Gräfin Isabelle zählt noch einmal nach. Ja, vier Rangstufen, so ist es korrekt. Doch richtet sich ihr Blick nun auf die eigentliche Tischplatte. Sie präsentiert das prunkvollste Geschirr, das sich denken läßt. Herzog Philipp, ihr Schwiegervater, hat es aus reinem, mit Juwelen verziertem Gold anfertigen lassen. Besonders erlesen sind drei kostbare, mit Edelsteinen besetzte goldene Schalen, deren Gesamtwert damals auf rund 100000 Taler geschätzt wurde. Kein

Wunder, daß dieser »dressoir« bei seinen feierlichen Umzügen unter der Obhut von wachsamen Gardeoffizieren steht.

Verständlich, daß die Gräfin in diesen Stunden an ihre eigene Kindheit zurückdenkt. Als viertes von elf Kindern des Herzogs Karl von Bourbon war sie zur Welt gekommen. Mit berechtigtem Stolz darf sie sich auf dieses angesehene Geschlecht in Frankreich zurückführen, ist doch ihr Vater ein direkter Nachkomme König Ludwigs des Heiligen. Ihre Mutter Agnes ist die Schwester ihres Schwiegervaters, sie selbst demnach eine Cousine des burgundischen Erbprinzen Karl, den sie am 30. Oktober 1454 siebzehnjährig heiratete. Ihr Schwiegervater, Herzog Philipp, hatte sie, den Bourbonen-Sprößling, seinem Sohn nicht ohne Hintergedanken zugedacht, um ihr angestammtes Haus, das bei den Auseinandersetzungen zwischen Burgund und Frankreich oft eine schwankende Haltung eingenommen hatte, eindeutiger in das eigene Lager zu ziehen. Nun heißt sie also Gräfin von Charolais, da die Dauphins, d. h. die ältesten Söhne der Herzöge von Burgund sich nach dieser Region benennen – so wie die Thronfolger in Großbritannien den Titel »Prince of Wales« führen.

Nicht zuletzt weilen Isabelles Gedanken bei ihrem Gemahl Charles, den man später den »Téméraire«, den Kühnen, nennen sollte. Sie weiß, daß er sich in der Umgebung von Nivelles bei der Jagd vergnügt, zusammen mit Louis, dem Dauphin von Frankreich. Dieser war wegen Aufsässigkeit von seinem Vater Charles VII. aus dem Königreich verbannt worden und hatte nun bei Herzog Philipp großzügig Asyl erhalten. Doch Isabelle braucht sich nicht zu sorgen, daß diese Jagdausflüge ihres Gemahls mit amourösen Seitensprüngen gekoppelt sind. Ganz im Gegensatz zu seinem Vater, dem Eingeweihte nicht weniger als siebzehn Bastarde nachsagen, bewahrt er seiner Angetrauten unbedingte Treue.

Und er hat wohl auch Grund dazu, denn Isabelle ist eine überaus hübsche, grazile und charaktervolle Frau. Andererseits weiß die Gräfin die Qualitäten ihres Mannes zu schätzen. Abgesehen von seiner Treue beeindruckt sie, wie er sein oft überschäumendes Temperament zu zügeln weiß. Doch sie liebt auch seine muskulöse Gestalt und das schwarze Haar, das er von seiner portugiesischen Mutter geerbt hat. Und schätzt man ihn nicht auch als eleganten Tänzer und als einen der besten Schachspieler seiner Zeit? Nun gut, er liebt das Bogenschießen, beteiligt sich gelegentlich auch an Glücksspielen, aber – und das weiß sie besonders zu schätzen – »er spielt nicht mit Frauen«.

Und nun schreitet der Zeiger auf 1 Uhr nachmittags zu, während das Kalenderblatt den 13. Februar 1457 anzeigt: Gräfin Charolais bringt eine gesunde Prinzessin zur Welt! Wenn man Georges Chastellain, einem zeitgenössischen Chronisten (4), glauben darf, so erschütterte im Augenblick der Geburt ein gewaltiger Donnerschlag das Land Brabant – möglicherweise ein Paukenschlag des Himmels im Hinblick auf die bedeutsame, ja dramatische Rolle, die dieses Kind auf der Weltbühne spielen sollte.

Doch lassen wir uns jetzt von Mademoiselle de Poitiers, kurz Aliénor genannt, die bis zu ihrer Heirat für Fragen der Etikette am burgundischen Hof zuständig war, in das Zimmer der Neugeborenen geleiten – auf Zehenspitzen sozusagen, denn damals waren nicht die Fußböden, sondern die Wände mit dämpfenden Teppichen bekleidet. Wie im Zimmer der Wöchnerin sieht man auch hier zunächst zwei prunkvolle Paradebetten. Dann aber erkennen wir vor dem Kamin die Wiege, in welcher die kleine Marie, mit dem Kosenamen Pausbäckchen, ruht. Sie wird bekrönt von einem »Pavillon« oder Betthimmel aus grünem und violettem Damast. Tag und Nacht sind diese Zimmer von leuchtenden Fackeln erhellt, denn aus »hygienischen« Gründen müssen die Fenster nach der Geburt 15 Tage lang geschlossen bleiben. Das Kaminfeuer brennt je nach Witterung mehr oder weniger intensiv. Dies sei jedoch keine Frage der Etikette, bemerkt unsere Dame Aliénor.

Sobald die glückliche Nachricht von der Geburt in Brüssel bekannt wird, werden allenthalben Freudenfeuer entzündet, während das Glockenspiel von Ste. Gudule den Auftakt gibt zum Festgeläut bis an die Grenzen Burgunds. Überall – gleich ob in Brügge, Gent oder Lille – nimmt man den Anlaß gerne wahr, um auf flandrische Art üppige Bankette zu veranstalten. Auf Straßen und Plätzen aber drängt man sich mit dem Rufe: Vive Bourgogne!

Für das nach festlichen Anlässen geradezu lechzende

15

Volk bleibt es einerlei, ob die Geburt eines Prinzen oder einer Prinzessin zu begießen ist. Doch Vater und Großvater des Sprößlings denken anders. Karl, der in seinem Jagdrevier verständigt wurde, macht zunächst aus seiner Enttäuschung kein Hehl, da Burgund bisher nur männliche Thronfolger kennt. Der Dauphin aber tröstet ihn mit dem Hinweis, er sei noch jung und dürfe hoffen, daß seine treue Gattin ihm weitere Erben gebäre. Auch der alte Herzog, der sich in Nivelles aufhält, verbirgt nicht seine Enttäuschung darüber, daß seine Nachfolge eines Tages in weibliche Hände übergehen könnte. Gewiß, so meint er, gelegentlich sind auch Frauen zum Herrschen geboren. Doch würde Prinzessin Marie stark genug sein, ein so bedeutendes Erbe zu verwalten?

Man hat vielfach gerätselt, weshalb weder Vater noch Großvater zur Taufe nach Brüssel kamen. Wollten die beiden Männer wirklich so demonstrativ ihren Ärger bekunden: »Nur ein Mädchen!«? Bei dem bisweilen grimmigen Herzog Philipp war dies durchaus denkbar, auch wenn er den Beinamen »Le Bon« führte. Karl dagegen war ein so schroffes Verhalten angesichts der Verehrung, die er für seine Frau empfand, nicht zuzutrauen. Oder war es wieder einmal die »Dame Etikette«, welche die Anwesenheit des Vaters oder Großvaters bei der Taufe als unpassend ansah?

Bei der Überlegung, wer als Patenonkel (parrain) fungieren möge, aber ergibt sich eine Lösung, welche sich später als höchst absurd erweisen sollte. Charles bittet nämlich seinen (noch unbedenklichen) Gefährten Prinz Louis, seine Tochter als Patenkind anzunehmen, nicht ahnend, daß er dem Täufling damit eine Schlange in die Wiege legt.

Doch lassen wir zunächst die Taufzeremonie vor unseren Augen ablaufen: Vom Wetter her gesehen eine höchst frostige Angelegenheit, denn dieser 17. Februar 1457 war einer der grimmigsten des ganzen Winters. Wegen der großen Kälte und der beträchtlichen Entfernung hatte das Kapitel der Kathedrale Ste. Gudule zugestanden, die Taufe in der dem Schloß nahegelegenen Kirche von Coudenberg stattfinden zu lassen. Diese ist dem Anlaß entsprechend reich geschmückt. Bis zum Vorhof drängen sich die Schaulustigen von Brüssel. Längs der Absperrung sieht man etwa 400 Mitglieder des Magistrats und der Zünfte aufgereiht, alle mit brennenden Kerzen von je 5 Pfund Gewicht. Im Innern der Kirche halten Mitglieder des Offizierskorps und des Adels weitere hundert Kerzen: eine leuchtende Ehrengarde für die Prinzessin. Die Wände sind mit reichen Tapisserien teils religiöser, teils mythologischer Thematik ausgekleidet. Zu Füßen des Altars glänzt auf karmesinrot umkleidetem Sockel das silberne Taufbecken, überhöht von einem mehr als 6 Meter hohen Baldachin aus grünem Satin. Für das Kind steht eine Wiege bereit, die mit Hermelin ausgeschlagen ist, darauf zwei Kissen mit Goldbezug.

Doch während wir uns noch vom wärmenden Glanz der Kerzen und Fackeln umfangen lassen, betritt Großmutter Isabelle von Portugal das Portal der Kirche, ihr Enkel- und Patenkind in den Armen wiegend. Sie trägt ein kostbares Seidenkleid »à la portugaise«. Doch so erlesen ihre Robe ist, man vermißt die sonst übliche Schleppe, was in dem Bericht unserer kritischen Hofdame als ungewöhnliche Neuerung vermerkt wird. An der Seite der Herzogin schreitet der Dauphin. Madame de Ravenstein, in einen gülden-blauen, hermelin-gefütterten Mantel gehüllt, hält die Schleppe des faltenreichen Kleides, welches das kleine Pausbäckchen einhüllt. Zu ihrer Rechten sieht man den Bastard Antoine de Bourgogne.

Nun stellt sich der Graf von Étampes mit der geweihten Kerze vor das Kind, der Herr von Ravenstein reicht das Salzfäßchen, während der Herzog von Kleve das silberne Wassergefäß bereithält. Die Taufe selbst nimmt Jean-François de Bourgogne, der Bischof von Cambrai, vor, einer der zahlreichen unehelichen Söhne des Herzogs Philipp, während die Hofkapelle unter Leitung des berühmten Gilles Binchois den musikalischen Teil bestreitet. Die Prinzessin erhält auf Wunsch des Dauphin den Namen seiner Mutter Marie d'Anjou, Königin von Frankreich. Im übrigen, ist es nicht eine sonderbare Ironie der Geschichte, daß Maria von Burgund über das Taufbecken gehalten wird von einem Mann, der sich später als ihr infamster Gegner entpuppen sollte? Doch wer hätte dies voraussehen können?

Der eigentlichen Taufhandlung folgen die liturgischen

Texte mit dem abschließenden Gebet:

»Accipe vestem candidam, quam perferas immaculatam ante tribunal Domini nostri Jesu Christi, ut habeas vitam aeternam. Amen.« (Empfange dieses weiße Kleid und trage es unversehrt bis zum Gericht unseres Herrn Jesus Christus, um das ewige Leben zu erlangen. Amen.)

Mutter Isabelle's Rückblick auf 100 Jahre Burgund

Unterdes wohnt Mutter Isabelle in ihrem Gemach mit wachen Sinnen der heiligen Handlung bei, inständig darum bittend, daß ihrem Kinde die besten Eigenschaften der Eltern auf den Weg gegeben werden: die Zucht, der Gerechtigkeitssinn, die Frömmigkeit und Treue ihres Gatten sowie (in aller Bescheidenheit) die Grazie, der Herzensadel und die Nächstenliebe ihrer Mutter.

In der noch verbleibenden Zeit gehen ihr die vielschichtigen Probleme des Großreiches, über das ihr Gemahl und vielleicht ihre Tochter gebieten wird, durch den Sinn. Als Sproß des Hauses Bourbon hatte sie schon früh an den politischen Verflechtungen und Händeln ihrer Generation lebhaften Anteil genommen, doch nicht, um einseitig Partei zu ergreifen, sondern um ausgleichend und mäßigend auf die Kampfhähne hüben und drüben einzuwirken. Auch ihr Mann weiß diesen aus christlicher Gesinnung genährten Beitrag zur Politik durchaus zu schätzen und bedient sich deshalb gerne ihres Rates. Nicht nur ihre stets auf Ausgleich bedachte Gesinnung beeindruckt ihn, sondern auch ihre nüchterne Analyse der politischen Zusammenhänge. Gelegentliche Heißsporne wie er, mehr aber noch sein Vater, bedürfen durchaus des dämpfenden Einflusses.

Schon oft hatte Isabelle die historischen Hintergründe für dieses überaus komplizierte Gebilde des Großherzogtums Burgund – ursprünglich nur ein Lehen der französischen Könige und des Römischen Kaisers – zu erfassen versucht. Wieso eigentlich hat sie, die künftige Herzogin von Burgund, ihre Erstgeburt in Brüssel, der Hauptstadt Brabants, zur Welt gebracht? Noch mehr aber interessiert sie die Frage: Wie wird es möglich sein, das vielfältige Gewebe des so farbfrohen Teppichs Burgund haltbar zu verknüpfen? Ohne die genaue Kenntnis des historischen Hintergrunds und der vielschichtigen Zusammenhänge würde sie allerdings keinen logischen Beitrag zur Entwirrung der mannigfachen Probleme leisten können. So ruft sie sich also in Erinnerung, was ihr im Laufe der Zeit zum Thema »100 Jahre Burgund« übermittelt worden ist:

BURGUND
ZUR ZEIT SEINER GRÖSSTEN
AUSDEHNUNG
UNTER KARL DEM KÜHNEN

1 Grafschaft Holland
2 Herzogtum Geldern
3 Grafschaft Seeland
4 Herzogtum Brabant
5 Grafschaft Flandern
6 Boulogne, Picardie, Ponthieu,
  Eu, Vermandois
7 Grafschaft Hennegau
8 Herzogtum Limburg
9 Herzogtum Luxemburg
10 Herzogtum Lothringen
11 Herzogtum Burgund und
  Nevers, Charolais, Mâcon
12 Freigrafschaft Burgund
13 Oberrheinische Pfandlande

Unter burgundischem Einfluß:
Erzbistum Utrecht
Bistum Lüttich
Bistum Tournai

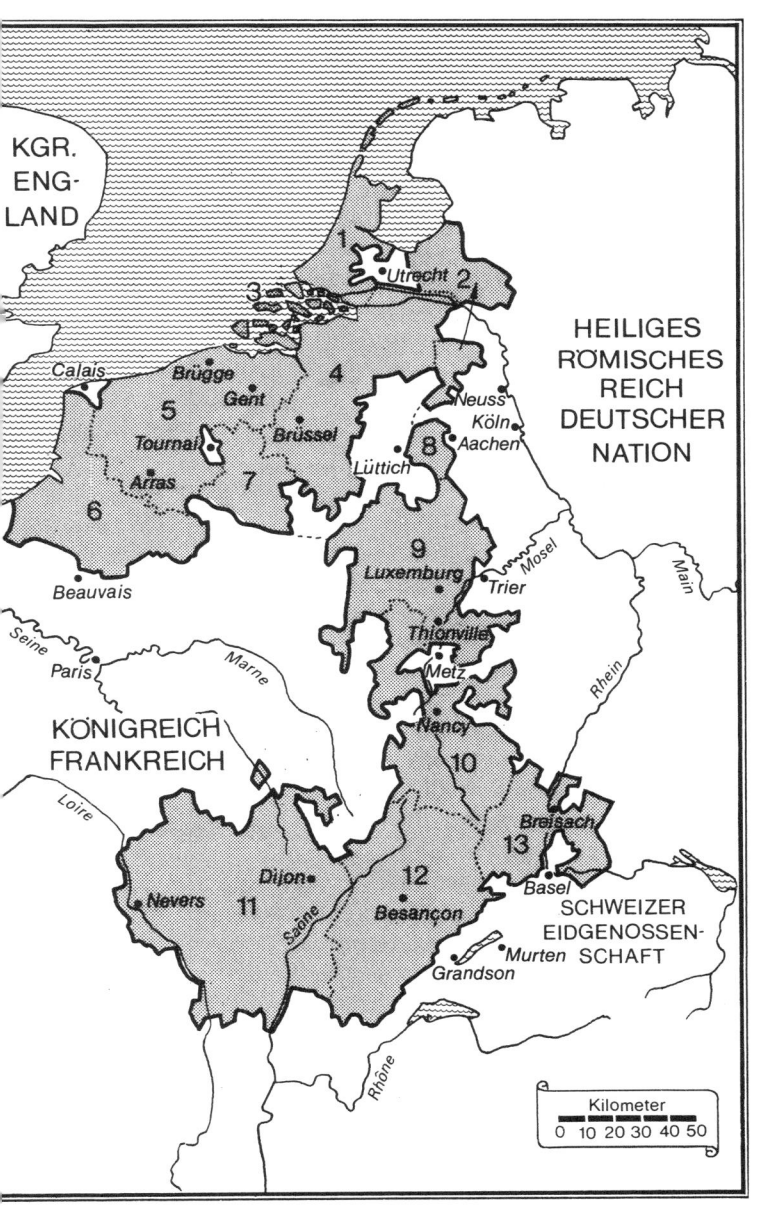

KGR.
ENG-
LAND

HEILIGES
RÖMISCHES
REICH
DEUTSCHER
NATION

Calais

Brügge
Gent
5
Tournai
Arras
6
7
Brüssel
4
1
Utrecht
3
2
Neuss
Köln
Aachen
8
Lüttich

Beauvais

9
Luxemburg
Trier
Mosel
Main
Rhein

Seine
Paris
Marne
Thionville
Metz
Nancy

KÖNIGREICH
FRANKREICH

Loire

Nevers
11
Dijon
Saône
10
12
Besançon
13
Breisach
Basel
Murten
Grandson
SCHWEIZER
EIDGENOSSEN-
SCHAFT

Rhône

Kilometer
0 10 20 30 40 50

21

König Johann II. von Frankreich hatte 1361 das Herzogtum Burgund seinem Lieblingssohn Philipp als Kronlehen übertragen. Dieser heiratete 1369 Margarethe von Flandern, die ihm neben der gleichnamigen Grafschaft mit den blühenden Städten Gent und Brügge u. a. auch die Freigrafschaft Burgund (Franche Comté) mit der Hauptstadt Besançon in die Ehe einbrachte. Damit war aus dem ursprünglichen Herzogtum Burgund mit der Hauptstadt Dijon ein erweitertes Staatsgebilde geworden – doch leider ohne räumlichen, sprachlichen und kulturellen Zusammenhalt. Die Lebensfähigkeit dieses deutsch-französischen Zwitters, der seine Existenz eigentlich nur dem Zufall bzw. dem Kalkül eines Ehevertrages verdankte, mußte sich also noch erweisen. Immerhin entfaltete dieses neue Burgund sehr bald ein starkes Eigenleben mit einem Anspruch, der den französischen Mutterstaat, von dem es ausgegangen war, mißtrauisch machen mußte.

Johann ohne Furcht, der zweite Herzog von Burgund (1404–1419) bediente sich gleichfalls der Heiratspolitik, um durch seine Ehe mit Margaretha von Bayern u. a. die Länder Holland und Seeland hinzu zu gewinnen. Sein Nachfolger Philipp der Gute schließlich (1419–1467), ihr Schwiegervater, war auf dem territorialen Immobilienmarkt erfolgreich, indem er durch Erbschaft oder Kaufverträge – gelegentlich auch mit Waffengewalt nachhelfend – das Herzogtum vorteilhaft abrundete. Als bedeutendsten Zugewinn konnte er Brabant mit Brüssel, Löwen und Mecheln verbuchen.

Dieser zunehmenden Machterweiterung seitens der burgundischen Valois konnten die französischen Vettern nur unzureichend Einhalt gebieten, da das Mutterland durch die jahrzehntelangen aufreibenden Kämpfe mit dem englischen Invasionsheer und dessen burgundischem Partner geschwächt war. Doch 1435 hatte sich Burgund im Vertrag von Arras mit Frankreich wieder verständigt, um zum Dank dafür mit der Picardie, Boulogne, Mâcon und Auxerre belehnt zu werden.

Isabelle sah diesen machtpolitischen Werdeprozeß des Reiches Burgund als nüchternen Tatbestand, so wenig ihr manche Methoden des Landgewinns auch behagen mochten. Für ihren Gemahl als zukünftigen Regenten, und vielleicht auch ihr Kind, ergab sich demnach die schwierige Aufgabe, die bereits mit der Ehe von 1369 angelegten zwei burgundischen Ländergruppen (die »niederen« und die »oberen« Lande) mehr und mehr zu verknüpfen. Dazu bedurfte es kluger und einfühlsamer Politik, die nicht zuletzt dem vermittelnden Geschick verständiger Frauen eine wesentliche Rolle zuwies. Isabelle jedenfalls wurde bei dieser Bestandsaufnahme erneut bewußt, welche Verantwortung ihr und gegebenenfalls ihrer Tochter dabei zukam.

Nicht zuletzt galt es, sich darüber klar zu werden, wie man bei aller Selbständigkeit, die man den verschiedenen Territorien belassen hatte, doch einen zentralen Mittelpunkt, wie ihn Frankreich in Paris besaß, schaffen konnte. Dijon als Hauptstadt des Kernlandes Burgund und Grablege der Herzöge hätte traditionsgemäß dieser Vorrang gebührt. Doch waren Philipp und seine Vorgänger klug genug gewesen, von dieser Lösung abzusehen, um nicht die nördlichen Landesteile zu entfremden. Diese durfte man umso weniger verstimmen, als sie wirtschaftlich von vorrangiger Bedeutung waren. Man hatte dem auch dadurch Rechnung getragen, daß man bei Ausdehnung der Oberhoheit auf die Niederlande den Begriff Burgund entsprechend erweiterte. Jedenfalls lag das politische Machtzentrum nun eindeutig in Brabant und Flandern, was auch dadurch zum Ausdruck kam, daß die Herzöge vornehmlich in Brüssel, Gent oder Brügge residierten. Und hier in Brüssel war nun auch ihr Kind zur Welt gekommen! (Vgl. auch »Zeittafel zur Geschichte Burgunds«, Seite 169)

Noch ist die Tauffeier imgange. Der Kirche zugewandt, erneuert die Gräfin ihr inständiges Gebet, indem sie das Geschick ihrer Tochter Marie dem Höchsten anempfiehlt.

Doch nun kehrt nach Abschluß der feierlichen Handlung der festliche Zug zum Schloß der Herzöge zurück. Die kleine »Mademoiselle de Bourgogne« wird ihrer Mutter, die auf dem Paradebett liegt, wieder zugeführt. Eine zärtliche Geste – und schon wird das Kind, der Vorschrift entsprechend, an die Gouvernante, Madame de Berzé, weitergereicht, die es ihrerseits der Amme anvertraut. Nunmehr dürfen die Damen, die Edelfräulein, die Seigneurs und Edelleute der Gräfin ihre Aufwartung machen. Die Herzogin-Mutter nähert sich dem berühmten »dressoir«, das wir oben gebührend gewürdigt haben, und entnimmt einer der schweren goldenen Schalen ein Honigbonbon. Zunächst kostet sie selbst, erst dann reicht sie die Schale dem Dauphin. Der Takt erfordert diese Reihenfolge, da die Furcht vor vergifteten Speisen damals durchaus nicht unbegründet war. Madame de Ravenstein obliegt es sodann, auch den übrigen Gästen Dragees anzubieten. Im übrigen durften sich alle, die in den kommenden Wochen Madame de Charolais besuchten, des Dragee-Zeremoniells erfreuen – und nach Ablauf der 14tägigen Quarantäne sogar bei geöffneten Vorhängen.

Doch werfen wir noch einmal einen Blick auf das grazile Antlitz der Gräfin, der man erst jetzt, um ihr Wochenbett nicht zu belasten, den Tod ihres vor zwei Monaten verstorbenen Vaters mitzuteilen wagte. In der Tat ging ihr diese Nachricht sehr zu Herzen. Sie ließ dann auch, sobald sie wieder zu Kräften gekommen war, im Schloß eine besondere Trauerfeier ansetzen. Anschließend mußte sie erneut der Form des höfischen Zeremoniells Genüge tun und sechs Wochen wie eine Klosterfrau in ihrem Zimmer verweilen bzw. zu Bett liegen. Ihr zuvor auf hoffnungsvolles Grün gestimmtes Wochenbett wurde nun, dem Anlaß entsprechend, in das Schwarz der Kondolenz gekleidet. Zudem waren auch im Trauerfall vielfältige Abstufungen zu bedenken. So bleiben beim Tode des Mannes Edelfrauen volle sechs Wochen zu Bett, bei Vater oder Mutter jedoch nur neun Tage, wobei sie allerdings bis zum Ablauf der sechswöchigen Trauerzeit auf einem schwarzen Tuch neben dem Bett verweilen sollen. All dies läßt sich in der Schrift der Hofdame Aliénor de Poitiers nachlesen. Bei allem Sinn für Akkuratesse, der Isabelle eigen war, sie atmete nach Ablauf dieser anspruchsvollen Pflichtübung erleichtert auf, waren ihr doch innerhalb kurzer Frist zwei Bewährungsproben dieser Art zugemutet worden.

Marias Kindheit und Erziehung

Nun konnte sich die Gräfin auch ihrem Kinde wieder mehr zuwenden, das sich in der Obhut einer so fürsorglichen Mutter wohl geborgen wissen durfte. Doch auch in den Armen ihrer Großmutter war sie bestens aufgehoben. Was den Vater anbelangt, so gehörte Zärtlichkeit nicht unbedingt zu seinem Naturell, obwohl sich seine Gemahlin über aufrichtige Zuneigung nicht beklagen konnte. Hinzu kam, daß Charles gerade in diesen Monaten unter dem gespannten Verhältnis zu seinem Vater litt – als Folge politischer Meinungsverschiedenheiten, etwa vergleichbar dem Zwist zwischen König Charles VII. und seinem ältesten Sohn Louis, dem Paten der Prinzessin. Für diesen Unfrieden war wohl in erster Linie der halsstarrige Charakter Herzog Philipps verantwortlich zu machen. Daß insbesondere der Sohn unter diesem gestörten Verhältnis zu seinem Vater litt, machte später seine unter Tränen erbetene Begnadigung offenkundig.

Einstweilen aber belastete diese gespannte Vater-Sohn-Beziehung die Atmosphäre am Hofe des Schlosses zu Coudenberg auf das Empfindlichste. Es kam sogar zu Morddrohungen aus der Umgebung des Vaters. Einige Monate nach der Geburt Maries entschlossen sich deshalb der Graf und die Gräfin de Charolais ihre Residenz nach Quesnoy zu verlegen, einem Schloß, in dem früher die Grafen von Hainaut wohnten. Hier fanden sie ein ungestörtes Nest für ihre junge Ehe, und hier verbrachte auch Marie ihre ersten Lebensjahre.

Großmutter Isabelle de Portugal sah sich gleichfalls veranlaßt, dem unzuträglichen Klima am Hofe den Rücken zu kehren, um in einem Kloster der »Grauen Schwestern« Ruhe zu finden. Trotz allem Bemühen hatte sie nicht vermocht, den Streit zwischen Vater und Sohn beizulegen. Hinzu kam, daß sie allen Anlaß hatte, über die fortwährende Untreue ihres Mannes verbittert zu sein.

Im September 1463 verließ das Ehepaar Charolais Quesnoy, um sich in Gorcum niederzulassen, wo Karl die Funktion eines Statthalters von Holland übernahm. Es mag überraschen, daß die jetzt sechsjährige Marie die Eltern nicht begleitete. Doch die Genter hatten sich die Gunst ausbedungen, die Tochter ihres Herrn in ihre Obhut zu nehmen (d'avoir en garde), eine Gunst, aus der sie gerne ein Privileg, wenn nicht gar ein Druckmittel machen möchten. Tatsächlich sollte dem Vater später die Tochter streitig gemacht werden, als er versuchte, sie nach Brüssel zu sich zu nehmen.

In Gent also wurde der Prinsenhof die Residenz der jungen Prinzessin. »Ursprünglich residierten an dieser Stelle die Genter Burgvögte, woraus sich die Nebenbezeichnung des Prinsenhofes als ›Hof Ten Walle‹ erklärt. 1353 erwarb Ludwig van Maele die alte Vogtei und gestaltete sie zum gräflichen Palais um. Der Prinsenhof wurde bald zum Lieblingsaufenthalt der Herzöge von Burgund. Sie bauten ihn weiter aus und umzogen ihn mit einer sehr langen Mauer. Sie umschloß im Südosten und Südwesten ausgedehnte Parkanlagen und im Nordwesten einen langen Hof mit Ställen und dem Löwenzwinger. Durch den Hof ritt der Besucher ein. Dem Innern zu folgte ein von der Leie gespeister Wassergraben, der sich nordwärts des Schlosses in einen Teich verbreiterte. Daraus wuchs eine künstliche, sechseckige Insel mit einem Renaissance-Garten. Das Schloß selbst konnte man nur über Brücken erreichen. Um den Innenhof lagerte sich an der Südostseite die Schloßkapelle; hinter ihr folgten Wohntrakte mit nicht weniger als 300 Gemächern. Die repräsentativen Räume flankierten samt einem Turm und einem Burghaus die Südwestseite des Binnenhofes. Die heutige Mirabellostraat verlief entlang der Nordostkante dieser Schloßinsel.

Im Westwinkel des Schlosses befand sich übrigens das schmale, getäfelte Zimmer, in dem Marias Enkel Karl V. am 24. Februar 1500 zur Welt kam. Die Stelle ist heute durch eine Erinnerungstafel an einem Haus der Mirabellostraat gekennzeichnet. Sonst blieb von Marias Residenz und dem Vaterhause des großen Kaisers nichts, nicht Ruine, nicht Stein.« (10)

In diesem festungsartigen Palais mit gepflegten Gärten und kunstvollen Wasserspielen sollte also die Erbin von Burgund den größten Teil ihres Lebens verbringen. So sehr sie auch Eltern und Großeltern missen mochte, so

verlief doch ihre Jugend keineswegs freudlos oder eingeengt, da sie ziemlich frei vom höfischen Zeremoniell, das
sich nach wie vor auf die herzogliche Residenz in Brüssel
konzentrierte, aufwachsen konnte.

Auch ihre Erziehung war nicht an eine starre Ordnung
gebunden. Das war nicht zuletzt das Verdienst von
Madame d'Halewyn, der Gemahlin eines hohen flandrischen Würdenträgers, die Marie sozusagen als Hofdame
betreute und auch ihren Bildungsgang wesentlich beein-
flußte. Als Flämin, die kein Blatt vor den Mund nahm,
besaß sie Frohsinn und ein lebhaftes Temperament.
Unzweifelhaft hat sie einen guten Einfluß auf die Prinzessin ausgeübt, zumal nach dem Tode der Mutter. Sie stand
ihr auch in den schweren Stunden, die noch bevorstanden,
treu und mit klugem Rat zur Seite.

Insgesamt wurde Marie eine Bildung vermittelt, die dem
hohen Niveau des Hofes von Burgund und der Stellung
einer Erbprinzessin entsprach. Im Vordergrund stand ein
vielseitiger Sprachunterricht. Vorrang hatte das Lateini-
sche, dessen Kenntnis als Sprache der Wissenschaft, der
Kirche und der Diplomatie unerläßlich war. Daß nach dem
Willen des Vaters auch dem flämischen Element gebührend Raum gegeben wurde, beweist die bevorzugte Stellung der Dame d'Halewyn. So war dafür gesorgt, daß die
Prinzessin entsprechend der Struktur der burgundischen
Lande zweisprachig aufwuchs. Man weiß jedoch, daß
Maria das elegantere Französisch bevorzugte.

Daß auch die Musik, entsprechend ihrem hohen Rang
am Hofe der Herzöge, ausgiebig gepflegt wurde, bedarf
keiner besonderen Erwähnung. Was die Einführung in die
christliche Lehre anbelangt, so dienten kostbar illuminierte
Andachtsbücher der Veranschaulichung. Diese sogenannten »Stundenbücher« verhalfen gleichzeitig dazu, den Sinn
für Ästhetik und künstlerisches Empfinden zu wecken.
Maria selbst hat ein von ihr benutztes Stundenbuch hinterlassen, an dem man sich noch heute erfreuen darf. Es
wird in Wien aufbewahrt, und man kann es als Faksimile-
Ausgabe sogar erwerben. (27)

Insgesamt wird Maries Fertigkeit in allen schönen Künsten, einschließlich feiner Handarbeiten, hervorgehoben.
Der geistigen Anspannung wurde durch Spiel und Sport

der gehörige Ausgleich geboten. Dabei fehlte es nicht an vielfältiger Abwechslung, welche die Phantasie eines Kindes anzuregen vermag. Man spielte Kreisel, jagte Schmetterlinge oder ließ sich selbst jagen und fangen. An Spielgefährten mangelte es nicht. Mit ihr wuchsen nämlich mehrere gleichaltrige Vettern und Cousinen auf, unter ihnen Johann von Kleve und Philipp von Ravenstein. Von ihnen wird später noch die Rede sein, da sie bei dem Heiratskarussell um Marie eine Rolle spielten. Natürlich wurde auch der Reitsport gepflegt, der ihr erlaubte, schon in jungen Jahren Wald und Flur zu erobern. So wuchs sie abgehärtet und umfassend gebildet heran, wobei die ihr angeborene Grazie ihrer Erscheinung zusätzlichen Reiz verlieh.

Erwähnen müssen wir noch das historische Interesse, das sowohl Vater wie Mutter schon früh in ihr geweckt hatten. Für Vater Karl standen die antiken Autoren, insbesondere Titus Livius, im Vordergrund des Interesses, während Mutter Isabelle, wie wir bereits erwähnten, sich bevorzugt mit der Geschichte Burgunds befaßte. So wußte auch Marie schon früh über die Leistungen ihrer Vorfahren Auskunft zu geben. Dabei begnügte sie sich durchaus nicht mit dem eigentlichen Aufstieg des Hauses Burgund in den letzten hundert Jahren. Vielmehr brachte sie manchen ihrer Lehrer in Verlegenheit durch Fragen, die über den üblichen Horizont hinausgingen, wie etwa: »Stimmt es, daß die Burgunder ursprünglich auf der Insel Bornholm ansässig waren? Wieso spricht man von der Burgundischen Pforte?«

Und dann konnte sie als Achtjährige erstmalig bewußt miterleben, wie auch ihr Vater aktiv in diese Geschichte eingriff. Inzwischen war nämlich der Streit zwischen Philipp und seinem Sohn Charles versöhnlich beigelegt worden mit dem Ergebnis, daß der Herzog seinem tatendurstigen Sohn den Oberbefehl über die burgundische Streitmacht übertragen hatte. Er konnte sich nun die Sporen verdienen – ausgerechnet gegen seinen Jugendgefährten, der seit 1461 als König Ludwig XI. regierte. Daß es zwischen Frankreich und dem burgundischen Emporkömmling immer wieder zu Grenz- und anderen Streitigkeiten kommen mußte, war seit langem in dem »einnehmenden« Wesen des Hauses Burgund vorprogrammiert. Und schon jetzt zeichnete sich ab, daß die ehemaligen Jagdgefährten sich auch auf dem Felde der Diplomatie und des harten Waffengangs gegenseitig kein Pardon geben würden.

Was war vorgefallen? Ludwig hatte sich im eigenen Lager durch jugendliche Anmaßung unbeliebt gemacht und unter anderem die Herzöge der Bretagne und von Bourbon gegen sich aufgebracht. Diese hatten sich zu einer »Ligue du bien public« zusammengeschlossen: für Burgund eine willkommene Einladung, mit König Ludwig eine Rechnung zu begleichen. Nur zu gern schloß sich deshalb Karl den unzufriedenen Baronen an und errang mit ihnen bei Paris einen entscheidenden Sieg. In Flandern und Brabant löste diese frühe Ruhmestat ihres Erbprinzen Begeisterung aus. Später allerdings nahmen dann die meist siegreichen Feldzüge ihres Herrn derart überhand, daß der Beifall wegen des hohen Blutzolls und der finanziellen Belastung mehr und mehr verstummte.

Doch noch jubelte man, und auch Maria wurde von diesem Taumel erfaßt, zumal man ihr von einem heldenhaften Einsatz ihres Vaters im Kampfgetümmel berichtete. Bei dem Angriff einer gegnerischen Kavallerie-Abteilung mußte er nämlich einen blutigen Schwertstreich hinnehmen. Dennoch focht er weiter und entschied das Treffen zu seinen Gunsten.

Erfreulicher aber war für sie, ihren Vater nach der Aussöhnung mit dem Herzog nunmehr häufiger als sonst bei sich zu sehen, entweder in ihrer Residenz Ten Walle oder aber im Prinsenhof in Brügge, seinem eigentlichen Hauptquartier. Kein Zweifel, sie verehrte ihren Vater wegen seiner ritterlichen Erscheinung, seiner schwarzen Locken und seiner leider allzu seltenen Liebkosungen. Sie ging ihm aber aus dem Wege, wenn seine Zornader schwoll und das energische Kinn Gewitterstimmung verriet.

Nach der Aussöhnung von Vater und Sohn war Herzog Philipp auch für Marie wieder zugänglicher geworden. Da er, zumal im Alter, wesentlich seßhafter war als sein unsteter Sohn, entwickelte sich Coudenberg zur bevorzugten Residenz. Entsprechend konzentrierte sich auch der

Verwaltungsapparat mehr und mehr auf Brüssel. Für Marie dagegen, die an Gent gebunden war, blieb der Aufenthalt in Schloß Coudenberg, wo ihre Wiege gestanden hatte, ein seltenes Ereignis. Einerseits empfing ihr auf das Schöne gerichteter Sinn hier vielseitige Anregungen, andererseits fühlte sie sich durch die Fülle der zu beachtenden Vorschriften eingeengt.

Wie mag sie Coudenberg erlebt haben? Neben den Meisterwerken der Malerei wurde ihr Auge wohl in erster Linie durch die großflächigen Tapisserien und Gobelins gefesselt. Sie weiß die handwerkliche Kunst dieser Webarbeiten der Manufakturen Brüssel und Tournai, deren Fertigung oft Jahre in Anspruch nahm, zu würdigen. Darüber hinaus ist sie von der Farbwirkung und dem Ideenreichtum dieser gewaltigen Bilderzyklen beeindruckt. Sie zeigen überwiegend Szenen aus dem Themenbereich des Goldenen Vlieses. So sieht sie, wie der Goldene Widder das Geschwisterpaar Phrixos und Helle über den Hellespont nach Kolchis rettet, und sie malt sich aus, wie herrlich es wäre, auf einem solchen Fabeltier durch die Lüfte zu reiten. Und dann das wundertätige Fell – sie versteht, daß Jason mit den Argonauten auszog, um es als ritterliche Trophäe an sich zu bringen. Auf einem weiteren Gobelin erkennt sie Gideon, wie er das wollene Fell auf die Tenne legt und Gott um ein Zeichen bittet: »Wird der Tau auf dem Fell sein, so will ich merken, daß Du, o Gott, Israel durch meine Hand erlösen wirst, wie Du geredet hast.« Und dann die großartige Darstellung, wie sich der Tau des Himmels auf Gideons Vlies herabsenkt. Und sie erfährt, während ihr Auge staunend auf Einzelheiten verweilt, daß sowohl das goldene Widderfell Jasons wie auch das des biblischen Gideon als Zeichen der Auserwählung gilt. So jung sie ist, sie ahnt jetzt, worauf der tiefere Sinn des Ordens vom Goldenen Vlies, den ihr Großvater gestiftet hat, beruht.

Philipp, der dieser seiner Schöpfung staatspolitisch und erzieherisch große Bedeutung beimißt, hört gerne, wenn seine Enkelin in dieser Hinsicht wißbegierig ist. Und wenn er gut gelaunt ist, dann läßt er Marie sogar einen Blick in das Allerheiligste des Hauses Burgund werfen; ja er tut ihr sogar den Gefallen, sich im Schmuck des vollen Ordenstalars zu zeigen. Er legt dann den scharlachroten, mit Zobelpelz gefütterten Mantel an, dazu die Ordenskette mit dem Widderfell unter einem Feuerstein. Marie zählt die goldenen Glieder der Kette: 24 – entsprechend der ursprünglichen Anzahl der Ordensritter. Ob Philipp wohl weiß, so könnte man fragen, ob böswillige Neider diese Zahl 24 mit seinen Mätressen in Verbindung bringen, und das Widderfell selbst mit dem goldblonden Haar seiner Favoritin Marie van Combrugghe? Wahrscheinlich ist ihm die dritte Version lieber: danach lebt das Goldene Vlies von den Gewinnen, die der flandrische Wollhandel für die burgundischen Herzöge abwirft!

Marie aber ist ganz hingerissen von dem exklusiven Auftritt, den der Großvater als Ordenskanzler ihr privatim bietet. Darüber vergißt sie den Blick in die Schatztruhen, die mit erlesenen Miniaturen, Schnitzarbeiten, Tafelbildern usw. gefüllt sind. Auch die Gold- und Silbergeräte, Kristallwaren und Edelsteine, die bei Banketten auf der berühmten burgundischen Anrichte und weiteren Schautischen gezeigt werden, sind ihr jetzt nur nebensächlich.

Bei anderen Gelegenheiten wird sie dann auch Zeuge jenes übersteigerten Hofzeremoniells, das noch 400 Jahre später ihre Nachfahrin, die Kaiserin Elisabeth von Österreich, fast zur Verzweiflung bringen sollte. Mittelpunkt dieser ausgeklügelten Ordnung war natürlich der Herrscher als Exponent der Macht und Einheit des Reiches. Sobald er geruhte, vom Schlafe aufzustehen, hatten die Kämmerer in Aktion zu treten. Der eine war privilegiert, ihm das Hemd zu reichen, der zweite durfte das Bett aufdecken, der dritte hatte die Vorhänge zu ordnen. Nicht minder penibel waren die Tafeldienste geregelt: wie das Brot anzureichen war, welche Zeremonie zu bedenken war, wenn der Herzog zu trinken wünschte, in welcher Ordnung Teller und Schüsseln zu plazieren waren. All dies und weit mehr war peinlich genau festgelegt. War gar ein Festmahl mit geladenen Gästen angesetzt, so erhielt die Szene den Rang eines kunstvoll einstudierten Schauspiels. Insgesamt standen viele hundert Personen (Marschälle, Kapläne, Orgelmeister, Kämmerer, Truchsesse, Mundschenke, Zuträger, Hofnarren, Zwerge usw.) im Dienst eines Zeremoniells, das leider allzuoft kaum mehr als aufgeblasene Form blieb. Nicht zuletzt das galante Getue gegenüber den Damen konnte nicht darüber hinwegtäuschen, daß man sie hinter der Kulisse nicht eben ritterlich behandelte. Jedoch sei Karl der Kühne als rühmliche Ausnahme nochmals hervorgehoben.

Im September 1465 konnte Marie auch ihre Mutter, die sie zwei Jahre nicht gesehen hatte, wieder einmal in die Arme schließen, ohne zu ahnen, daß dies zugleich der Abschied für immer war. Kurz nach diesem Wiedersehen befiel die Gräfin nämlich eine ernstliche Erkrankung, vermutlich Schwindsucht, so daß sie sich ins Hospital Saint-Michel bei Antwerpen begeben mußte. Umgeben von ihren Verwandten, jedoch ohne ein Wiedersehen mit ihrer Tochter und ihrem Gatten, der wie immer im Felde stand, verlöschte dann am 26. September das Leben dieser hervorragenden Frau, kaum 30jährig.

Was dieser Verlust insbesondere für Marie und ihren Vater bedeutete, mag ein zeitgenössischer Nachruf zum Ausdruck bringen:

»Elle estoit tant gracieuse, elle avoit la renommée d'estre la plus humble, la plus bénigne et pleine de meilleurs moeurs que dame peust estre« (du Clercq). Sie war überaus anmutig und genoß den Ruf, sehr bescheiden und gütig zu sein. Auch im Hinblick auf ihre Sitten war sie im besten Sinne eine Dame.

Hinzufügen dürfen wir, daß ihre natürliche Grazie sie befähigte, in vielen familiären und anderen Streitfällen vermittelnd einzugreifen. So verdankte mancher Gegner ihres oft unversöhnlichen Schwiegervaters ihrer Fürsprache das Leben »en l'honneur de la sainte passion de Jésus Christ«. Ihren Charme und ihr versöhnliches Temperament vererbte sie wohl auch auf ihre Tochter. So sehr jedoch Marie unter dem Tod ihrer geliebten Mutter litt, als Achtjährige konnte sie wohl kaum ermessen, welch außerordentlichen Verlust der Tod dieser hervorragenden Frau für das Haus Burgund bedeutete.

Im Hochchor der Kathedrale von Antwerpen hält ein Denkmal die Erinnerung an Isabelle von Bourbon wach.

Auf Karl wirkte sich der Tod seiner Gattin leider verhärtend aus, denn er wurde nun noch rastloser als zuvor. Er kapselte sich ab und gönnte sich kaum noch Entspannung.

Sein militärischer Ehrgeiz kannte keine Grenzen mehr. Unter dem dämpfenden Einfluß seiner Frau hätte er sich wohl nicht bis zur Selbstaufgabe verrannt. Auch Marie bekam diese Verhärtung und zeitweilige Melancholie zu spüren. Jedenfalls erwies ihr der Vater nicht die Zuneigung, deren sie gerade jetzt so dringend bedurfte. Die andauernden Kriegszüge hatten vielmehr zur Folge, daß er nur selten am Hof weilte, wodurch sich natürlich die gegenseitigen Bande immer mehr lockerten.

Andererseits soll nicht übersehen werden, daß Karl seiner hartgeprüften Mutter Isabelle trotz vielfältiger Beanspruchung sehr zugetan blieb. Wie wir schon erwähnten, hatte sie sich, der Seitensprünge Philipps überdrüssig, bald nach der Taufe ihrer Enkelin in das von ihr begründete Kloster la Motte-au-Bois zurückgezogen, jedoch nicht, um sich stiller Betrachtung hinzugeben, sondern um in aller Demut karitative Dienste zu leisten. Wie die Hl. Elisabeth scheute sie sich nicht, auch abstoßend Kranke eigenhändig zu baden. Dort im Kloster besuchte sie ihr Sohn, sooft er konnte. Ja er verehrte »Madame la Grande«, wie sie jetzt genannt wurde, zärtlich. So muß also in Karl trotz abweisender Schale ein mitfühlendes Herz gewohnt haben.

Diese feinfühlige Haltung hatte ihn auch bei der Versöhnung mit seinem Vater ausgezeichnet. Zwei Jahre nach dem Tode der Gattin galt es nun, auch vom Vater Abschied zu nehmen – gewiß mit zwiespältigen Gefühlen. Einerseits empfand er ehrlichen Respekt vor dem Lebenswerk des Herzogs, dessen Nachfolge er nun antreten sollte. Andererseits konnte er nur mit Bitterkeit an das Leid denken, das Philipp ihm und seiner Mutter zugefügt hatte.

Marie waren glücklicherweise die mit diesen Querelen verbundenen Belastungen nicht recht bewußt geworden. Erst später hat sie zu würdigen vermocht, welche Großmut ihre Großmutter an jenem 15. Juni 1467 bewies, als sie ihrem Gatten in Brügge im Geist der Versöhnung die Augen schloß. Vielleicht hat sie sich auch Gedanken darüber gemacht, wie sich Frömmigkeit, die man dem Herzog nachsagte, mit ehelicher Untreue in Potenz vereinbaren läßt – und weshalb man ihn Philipp den »Guten« nannte. Einstweilen aber begnügte sie sich damit, die historische Bedeutung ihres Großvaters zu erfassen und zu würdigen.

Heute würde man etwa zu folgender Beurteilung gelangen:

Philipp der Gute wird als der bedeutendste der Burgundischen Herzöge angesehen. Ihm war eine relativ lange Regierungszeit vergönnt (1419–1464). Und wenn er nicht wie seine Vorgänger ermordet wurde oder wie sein Nachfolger im Kampf fiel, so war dies nicht nur einem gnädigen Geschick zuzuschreiben, sondern auch seinem diplomatischen Gespür. Obwohl keineswegs schwächlich und unentschlossen, hat er doch im Unterschied zu seinem Sohne die verbissene Konfrontation möglichst vermieden. Vielmehr gelang es ihm, durch Verhandlung, Heirat oder geschickte Taktik das zweigeteilte Burgunderreich abzurunden und zu straffen. Und wenn er mit Waffengewalt eingriff, dann meist handstreichartig – ohne große Verluste. Auf diese Weise gewann er 1443 Luxemburg als wichtigen Pfeiler für die zwischen den oberen und niederen Landen zu schaffende Landbrücke. Für die Stabilisierung des Friedens als Voraussetzung für den Wohlstand aber war die Einigung zwischen Frankreich und Burgund im Frieden von Arras 1435 von besonderer Bedeutung.

Andererseits nahm er damit ein gespanntes Verhältnis zu England in Kauf und daran gebunden die Verärgerung der flandrischen Städte, deren Reichtum nicht zuletzt in dem lebhaften Handel mit Britannien begründet war. Davon abgesehen lehnten sich insbesondere die Genter wiederholt auf, um gewisse kommunale Rechte wie die unabhängige Verfügung über die Speicherhäuser zu verteidigen. 1453 wurden sie dann in einem kurzen, aber harten Waffengang gezwungen, auf verschiedene stadteigene Privilegien zu Gunsten des flandrischen Gemeinwohls zu verzichten. Die hart arbeitende Landbevölkerung andererseits sah oft mißgünstig auf die aufgeblasenen Städter und verfolgte deshalb mit gewissem Wohlwollen die Maßnahmen des Herzogs gegen den Hochmut der Handelszentren.

Vielleicht verdankte Philipp gerade der ärmeren Bevölkerung das fragwürdige Attribut »Der Gute«. Insgesamt jedenfalls konnte man mit seiner auf straffe Vereinheitlichung zielenden Regierung zufrieden sein, zumal der Wohlstand des Landes nicht zuletzt auf langen Friedenszeiten beruhte, die z. B. Frankreich weitgehend versagt blieben.

Philipps üppiger Aufwand in der Hofhaltung lebte zwar vornehmlich von diesem Wohlstand; er kam aber auch den Bürgern bei der Hebung des Lebensstandards zugute: Straßen wurden gepflastert, Schulen eingerichtet, die Armenpflege verbessert.

Mehr noch aber war Philipp daran gelegen, die Adligen der verschiedenen Territorien seines Reiches an sich zu binden und auf die ihm vorschwebenden Ideale des Kreuzritters zu vereidigen. Dies geschah höchst geschickt durch Begründung des Ordens vom Goldenen Vlies, eines Gremiums, das nicht nur im Hinblick auf seine Zielsetzung, sondern auch auf das feierlich-pompöse Zeremoniell seine Anziehungskraft nicht verfehlen konnte. Nicht ohne Zusammenhang mit diesem Orden entwickelte er den höfischen Prunk zu einem Glanz, der bis in unser Jahrhundert (vgl. die Hofburg in Wien) Maßstäbe gesetzt hat. Leider, so müssen wir rückblickend sagen, trugen zur Finanzierung dieses Aufwandes auch jene 10 000 Goldtaler bei, die der Herzog sich ohne Bedenken für die Auslieferung der Jeanne d'Arc zahlen ließ, jenes schlichten Mädchens, das durch seinen Herzensadel, seinen ritterlichen Sinn und seine Frömmigkeit den Geburtsadel ihrer Zeit beschämte.

Was nun Charakter und äußere Erscheinung des Herzogs anbelangt, so dürfen wir nach den Gemälden Rogier van der Weyden's auf einen schlanken, gut gewachsenen Mann schließen, der keinen Zweifel an seiner Entschlossenheit und hohen Selbsteinschätzung läßt. Seine ritterlichen, auf Ruhm, Anstand und Frömmigkeit basierenden Ideale in Ehren. Doch etwas weniger Hochmut, Untreue und auch Grausamkeit hätten diese Ideale glaubhafter gemacht. Immerhin eine Persönlichkeit, die sich in der Vielfalt oft gegensätzlicher Züge nicht kopieren läßt. Sohn und Enkelin aber waren, nicht zuletzt wegen des mütterlichen Anteils, aus edlerem Holz geschnitzt.

Am 28. Juni 1467, also kaum 14 Tage nach dem Tod des Großvaters, erlebte Maria unter dramatischen Umständen ihren ersten offiziellen Auftritt auf der politischen Bühne. Nun, da ihr Vater im gesamten Herzogtum die Regentschaft angetreten hat, nimmt sie als Erbprinzessin an seiner feierlichen Einführung als Herzog von Flandern teil. Die Stadt Gent präsentiert sich in ihrem Festgewand. Doch hinter den Kulissen zieht sich bereits ein Gewitter zusammen. Zunächst verlaufen die Zeremonien ohne Zwischenfälle. Die eigenwilligen und stolzen Genter aber wollen diesen Tag nicht vorübergehen lassen, ohne auf die Wiedererlangung ihrer alten Rechte zu pochen, die ihnen vor 14 Jahren nach der Niederlage von Gavere durch Herzog Philipp entzogen worden waren. Karl ist darauf nicht gefaßt und fordert Bedenkzeit. Doch einige Heißsporne wollen nicht warten und rufen den Aufstand aus. Die Lage ist so bedrohlich, daß der Herzog während der ganzen Nacht in Alarmbereitschaft bleibt. Die 10jährige Prinzessin aber ist in ernster Gefahr, als Geisel genommen zu werden.

Schließlich findet sich Karl zu Zugeständnissen bereit. Wieder einmal hat sich gezeigt, daß die stolze Stadt Gent mit besonderem Bedacht behandelt sein will. Maria aber erhielt einen Vorgeschmack von den Tücken, die sie als Erbprinzessin erwarten würden. Tatsächlich sollte sie sich 10 Jahre später auf demselben Marktplatz von Gent einer ähnlich dramatischen Situation gegenübersehen.

Margarete von York und die Traumhochzeit von Brügge

Doch sprechen wir jetzt lieber von erfreulicheren Begebenheiten, nämlich Marias Reise nach Brügge anläßlich der Vermählung ihres Vaters mit Margarete von York, der Schwester des englischen Königs Eduard IV. Karl hatte zunächst wenig Neigung verspürt, sich mit dem Hause York zu verbinden. Die Erinnerung an den mörderischen Bruderkrieg zwischen York und Lancaster, bei dem Burgund eine zwiespältige Rolle gespielt hatte, wirkte noch nach. Dennoch mußten Ressentiments gleich welcher Art nunmehr politischem Interesse weichen, zumal die ständigen Auseinandersetzungen mit König Ludwig ein Bündnis mit England nahelegten. Also wieder einmal eine politische Heirat? Nicht ganz, denn es war nicht Karls Art, wie wir früher hörten, mit Frauen zu spielen. Auch diesmal hatte er, was Ansehen und Charakter seiner Gemahlin anbetrifft, einen Volltreffer erzielt. Denn Margarete war eine überaus hübsche und vornehme Erscheinung, die allerdings auch ihre Klugheit und ihren Charme zur Geltung bringen mußte, um mit der unvergessenen Isabelle de Bourbon konkurrieren zu können. Insgesamt ging ihr der beste Ruf voraus, wenn auch Panigarola, der mailändische Botschafter, mit vorgehaltener Hand von gewissen Affären zu berichten wußte. Doch warten wir ab und begeben uns mit Prinzessin Marie nach Brügge. In ihrer Begleitung befindet sich Großmutter Isabelle. Auch in ihrem grauen Ordensgewand aus derber Wolle bleibt sie, vom Nimbus allgemeiner Hochachtung umgeben, »Madame la Grande«. Sie hat sich zwar vom höfischen Leben zurückgezogen, möchte sich aber dennoch mit eigenen Augen ein Urteil über ihre neue Schwiegertochter bilden.

Inzwischen nähert sich die Herzogin von York, inmitten eines ansehnlichen Geleitzuges, dem Festland. Sie wird in Sluis an Land gehen – ein schwerwiegender Schritt für eine junge Frau im Frühling ihres Lebens. Sie läßt die »splendid isolation« der Insel, die Shakespeare als »precious stone set in a silver sea« rühmen wird, hinter sich, um eine ungewisse Zukunft einzutauschen. Doch nun gibt es kein Zurück mehr. In wenigen Minuten werden sich aller Augen auf sie richten. Als Engländerin hat sie gelernt, Gefühle hinter Haltung und Hoheit zu verbergen.

Isabelle und Enkelin Maria stehen inmitten vieler Würdenträger zu ihrem Empfang bereit. Der Bräutigam dagegen muß sich noch gedulden. Die Etikette, deren Gebieter, zugleich aber auch Sklave er ist, will es so.

Die Herzogin befindet sich, zumindest körperlich, in bester Verfassung, war ihr doch eine angenehme Überfahrt beschieden. Überhaupt läßt dieser strahlende Spätnachmittag des 25. Juni 1468 keinen Raum für schlechte Laune. Dieser, durch ein mildes Sonnenlicht verklärten Stimmung entspricht dann auch der frohgestimmte Empfang. Er konnte nicht herzlicher sein, denn Margarete nimmt durch ihre frische Natürlichkeit spontan für sich ein. Insbesondere mit Maria, die sie wie eine jüngere Schwester freudig begrüßt, scheint sie sich, wie wenn längst miteinander vertraut, sogleich zu verstehen. Auch Madame la Grande, die als wesentlich ältere zunächst noch Zurückhaltung übt, spürt bald, daß von dieser jungen Frau eine wohltuende Wärme und Herzlichkeit ausgeht. Im Verlauf des Gesprächs gewinnt sie dann noch an Sympathie durch die bescheidene, dennoch aber würdevolle Art ihres Auftretens. Dazu ein makelloser Wuchs und feingeschnittene Gesichtszüge. Wahrlich, der Herzog würde allen Anlaß haben, dieser Verbindung freudig entgegen zu sehen.

Am folgenden Tage findet dann im Hause des Gwijde van Baenst die erste Begegnung statt. Niemand hatte eine spontane Umarmung erwartet, zumal die Verlobung noch nicht vollzogen war. Doch fehlte es nicht an vielseitigen Bekundungen liebenswürdiger Höflichkeiten, welche durchaus als Zeichen gegenseitiger Zuneigung gedeutet werden durften. So bestanden keine Bedenken, zur Verlobung zu schreiten. Den Segen dazu erteilte der Bischof von Salisbury. Hindernisse konfessioneller Art bestanden nicht, da England damals noch treu zur Kirche von Rom stand.

Nachdem so alle Voraussetzungen für ein gutes Einvernehmen gegeben schienen, brauchten die Vorbereitungen für die Hochzeitsfeierlichkeiten nicht auf sich warten zu lassen. Der rastlose Herzog war ohnehin wieder in Eile, da militärische Verwicklungen ihn erneut in Anspruch nahmen. Dennoch, er wäre ein schlechter Repräsentant des Hauses Burgund gewesen, hätte er nicht auch diesem Anlaß den Stempel burgundischer Größe aufgeprägt, galt es doch durch entsprechende Prachtentfaltung die Bedeutung des Bündnisses England–Burgund aller Welt vor Augen zu führen.

Wenige Tage später (am 2. Juli 1468) wird die junge Braut von Sluis zu Schiff nach Damme geleitet. Sie thront, umgeben von Damen des burgundischen Adels, auf goldenem Sessel, über sich einen scharlachroten Baldachin, während Minnesänger auf die bevorstehende Vermählung einstimmen. Von beiden Ufern erschallen jubelnde Zurufe, begleitet vom Hufschlag der Pferde und dem Knattern flatternder Fahnen, die Ritter in schimmernden Rüstungen der prunkvollen Yacht zuwenden.

Prinzessin Marie hat in diesen Nächten kaum Schlaf gefunden. Sie ist schon nach dem Vorspiel dieser Märchenoper so überwältigt, daß die vielfältigen Szenen wie bunte Bilderbogen an ihr vorüberziehen. Doch steht der Höhepunkt des Zaubers noch bevor. Relativ schlicht verläuft allerdings die Trauung. Sie findet im Hause »St. Jean« zu Damme statt. Auch diesmal amtiert der Bischof von Salisbury, während seine Amtsbrüder aus Trier, Tournai und Utrecht assistieren. Darüber hinaus verleiht die Anwesenheit des Erzbischofs von York sowie der Herzogin von Norfolk der Feier besonderes Gewicht. Die kirchliche Handlung wird allerdings, was Prachtentfaltung anbelangt, völlig in den Schatten gestellt durch den märchenhaften Glanz, den die Stadt Brügge bei dem anschließenden Empfang der Neuvermählten aufbietet.

Die junge Herzogin, welche im Mittelpunkt der Ehrungen steht, hatte inzwischen alles getan, um ihre strahlende Erscheinung auch durch äußeren Aufwand ins hellste Licht zu rücken. Ihr wallendes Hochzeitsgewand aus Silberbrokat leuchtete, von Edelsteinen glitzernd, wie ein funkelnder Sternenhimmel. Ihren schlanken Hals vergoldete ein kostbares Collier, wohl abgestimmt auf das Stirnband des krönenden Diadems. Ihre Begleitung ließ es nicht minder an erlesener Eleganz fehlen, galt es doch darzutun, daß auch das Haus York »nicht von armen Eltern« stammt. Während die Herzogin selbst auf erhöhtem Sessel thronte, präsentierten sich die Damen ihres Gefolges in graziöser Haltung zu Pferde; andere entboten ihren Gruß aus vierspännigen Wagen, die mit den Wappen Burgunds und Englands dekoriert waren.

Um die Wirkung des Schauspiels zu steigern, haben sich Braut und Bräutigam für einige Stunden getrennt, um dann in Brügge in zwei Festzügen aufeinander zuzukommen. Auf einem Prunkwagen, ähnlich dem der Prinzessin Venetia bei unseren heutigen Rosenmontagsumzügen, zelebriert nun Margarete von York ihren Einzug in Brügge. Voraus schreiten Bischöfe und Prälaten mit kostbaren Schreinen, Kruzifixen und Reliquiaren. Ihnen folgen die städtischen Würdenträger sowie die Meister der Zünfte, stolz ihre Amtsketten und andere Insignien zur Schau stellend. Nicht minder spart der Hofstaat an Aufwand, obwohl die langen Samtmäntel und Umhänge aus karmesinrotem Satin nicht eben für den Hochsommer gedacht sind. Die unter ihrem Thronhimmel anmutig grüßende Herzogin sieht sich umgeben von einer Ehrengarde des Hochadels sowie des Ordenskapitels vom Goldenen Vlies. Für den abschirmenden Sicherheitsdienst sorgen Bogenschützen. Natürlich sind auch die ausländischen Botschaften vollzählig vertreten, nicht minder die Handelsdelegationen vieler Länder: aus Nowgorod, Malaga, Lübeck und Florenz ebenso wie aus Köln, Paris, Genua, London und Venedig. Sie alle haben sich, miteinander wetteifernd, farbenprächtig gewandet und suchen sich auch durch die Zahl der sie begleitenden Pagen und Fackelträger zu überbieten. Marias Augenmerk richtet sich insbesondere auf die Abordnung aus Genua. Inmitten dieser Gruppe reitet nämlich ein junges Mädchen, dem der Ritter St. Georg folgt, um es gegen den Drachen zu schützen. Gut, daß die Prinzessin nicht ahnt, wie sehr diese symbolische Darstellung für ihre eigene Zukunft zutrifft.

Im übrigen ist ganz Brügge auf den Beinen. Als eine der reichsten Handelsstädte der Welt kann sie sich auch mit dem »Mann von der Straße« sehen lassen. An festlichen Anlässen hat es den lebensfrohen Flamen gewiß nie gefehlt. Doch die Hochzeit des Landesherrn erlebt man in der Regel nur einmal. Die eigentliche Attraktion aber ist die königliche Hoheit aus England, und man interessiert sich um so mehr für sie, als Prinzessin Marie in ihr eine neue Mutter gewinnt. Ohne Zweifel: alle, die sie aus der Nähe sehen können, scheinen von ihr eingenommen. Man spart nicht mit Gunsterweisen. So schenken ihr junge Mädchen eine Krone aus Rosen, die sie, gerührt ob solcher Aufmerksamkeit, über ihr Brautdiadem legt.

Daß sich das Augenmerk weitgehend auf Margarete richtete, darf man auch daraus entnehmen, daß die zeitgenössischen Berichte Herzog Karl nur am Rande erwähnen. Ohne Zweifel aber drückte auch er diesen festlichen Tagen einen gewichtigen Stempel auf. So sieht man allenthalben – hier und da sogar im Rahmen lebender Bilder – seinen Wahlspruch »Je l'ay emprins« (Ich hab's gewagt!). Der eigentliche Beitrag burgundischer Repräsentation aber ist die eigens für diesen Anlaß errichtete Festhalle. Sie ist, um es vorwegzunehmen, mit riesigen Wandteppichen geschmückt, deren Themen sich vornehmlich auf das Goldene Vlies beziehen.

Noch aber ist der Festzug unterwegs durch das jubelnde Spalier der Handwerker, der Tuchhändler, der Fischer, der Glockenspieler. Sie alle haben mit ihren Frauen und Kindern ihr Festgewand angelegt. Die schönste Kulisse aber bieten auch ohne Behang die treppenförmigen Giebel der Bürgerhäuser, die geschwungenen Brücken, die Zunfthäuser mit ihren reichen Fassaden, der Belfried mit seinem Glockenspiel – kurz der ganze Zauber einer mittelalterlichen Stadt, der uns Brügge auch heute noch so liebenswert macht.

Nun aber erreichen wir die Festhalle, welche Margarete von York, geleitet von Herzog Karl, von Madame la Grande, Erbprinzessin Maria und der Herzogin von Norfolk, als erste betritt. Sie nehmen, während festliche Musik erklingt, an der Ehrentafel Platz. Marie ist schon so vertraut mit ihrer belle-mère, daß sie sich erlauben kann, sie am Ärmel zu zupfen, um auf eine besondere Attraktion hinzuweisen. Von der Decke baumeln nämlich zwei monströse Kronleuchter mit phantastischen Darstellungen aus der Ritter- und Sagenwelt. Und nun setzt sich dieser ganze Bilderzyklus zum Entzücken der Prinzessin sogar in Bewegung, während jeweils sieben Spiegel zusätzliche Effekte hervorzuzaubern. Der Herzog aber verrät – nicht ohne Stolz auf dieses echt burgundische Unikum –, daß dieser ganze Mechanismus von einem unsichtbaren Mann im Innern des Leuchters dirigiert wird.

Doch nun ertönen Signale: Die Portale tun sich auf, und herein schreiten kostbar gewandete Herren, die auf silbernen Platten erlesene Speisen servieren – nicht etwa, wie der Herzog bemerkt, Bedienstete des Hofes, sondern echte Seigneurs. All dies will darauf hindeuten, daß man sich in Burgund nicht mit dem Üblichen zufriedengibt. Devise ist: Non plus ultra. Wo sonst erlebt man zum Beispiel, daß bei Banketten der halbe Staatsschatz zur Schau gestellt wird. So jedenfalls hier, denn auf erhabenen Anrichten funkeln Edelsteine und Juwelen wie auf einer Mustermesse, ganz zu schweigen vom unermeßlichen Wert der heimischen Goldschmiedearbeiten. Der Herzog aber stellt mit Genugtuung fest: Die englischen Gäste sind beeindruckt – niemand soll Burgund unterschätzen!

Nach dem festlichen Mahle folgen weitere Höhepunkte, die vornehmlich Auge und Ohr entzücken: Maskeraden, Waffenspiele sowie Darbietungen der Hofkapelle. Bis spät in die Nacht hinein wird gefeiert. Das offensichtlich beglückte Paar aber begibt sich in das Intimum von Maele, die alte Residenz der Grafen von Flandern vor den Toren der Stadt, die heute kein Wecken kennt.

Marie dagegen sinkt selig in tiefen Schlaf. Dieser Tag wird ihr unvergeßlich bleiben. Kein Bildwerk, kein Stundenbuch kann bunter sein als dieses feenhafte Fest. Und dazu eine so bezaubernde Mutter!

Wie aber war es möglich, daß es dieser kaum 22jährigen jungen Frau gelang, innerhalb weniger Stunden in einem fremden Land die Herzen von jung und alt, von hoch und niedrig zu gewinnen? So sehr Schönheit und Anmut zu bezaubern vermögen – entscheidend war wohl, daß sie das Gespür für den ihr eigenen Herzensadel zu wecken vermochte. Und das war gewiß nicht leicht, da sie zunächst nur auf Distanz wirken konnte. Schönheit, Charme und Noblesse – gewiß eine beneidenswerte Ausstattung. Doch daß sie darüber hinaus vielseitig begabt war, erfuhr man erst nach und nach, denn damals gab es noch keine Zeitschriften wie MADAME, die darüber ausführlich informierten. Sonst wäre in Brügge oder Brüssel längst bekannt gewesen, daß die Herzogin zum Beispiel über eine umfangreiche Bibliothek verfügte, daß sie ihre ausgedehnte Korrespondenz weitgehend in lateinischer Sprache führte, daß sie Briefwechsel pflegte mit Caxton, dem ersten Buchdrucker Englands, und daß sie – nicht nur nebenbei – auch eine fromme Frau war.

Eigentlich hätten zwei derart kultivierte Menschen wie Margarete und Karl die besten Voraussetzungen für eine ideale Ehe bieten müssen. Leider aber, so müssen wir rückblickend sagen, konnte sich der Herzog von seinen Vorbehalten gegenüber dieser Tochter des Hauses York nicht völlig lösen, wenn er auch den politischen Wert dieser Heirat zu schätzen wußte. Margarete andererseits war ihrem Mann sehr zugetan. Doch vermochten weder ihr Esprit, noch ihre Tugenden, noch ihre Schönheit ihn aus seiner Reserve zu locken. Allerdings würde er auch dieser Frau, die er durchaus schätzte, nicht aber wie Isabelle zärtlich liebte, niemals untreu werden. Möglich auch, daß die sentimentale Seite der Liebe für ihn mit dem Tode seiner ersten Gemahlin ohnehin abgeschlossen war. Sein Sinnen und Trachten gehörte fortan nur noch dem Staat, das heißt dem ersehnten Höhenflug Burgunds. Oder hat ihn nicht doch – zumindest in der Hochzeitsnacht – die Hoffnung beschwingt, daß Margarete ihm und dem Reich einen männlichen Erben schenken würde?

Die festlichen Tage verrauschten; nur allzuschnell flogen sie für Marie dahin. Doch nachhaltiger und wichtiger für sie war, daß sie nun wieder eine Mutter hatte, die ihr fürsorglich und in gutem Einvernehmen zur Seite stehen konnte. Unter dem Einfluß dieser weisen Fürstin gewann ihr Leben fortan wieder Wärme und Geborgenheit; ebenso wurden Moral und Intellekt maßgebend gefestigt. Insgesamt vollzog sich diese Einwirkung so behutsam und freundschaftlich, daß die damals 11jährige Marie in Margarete, die bei ihrer Heirat 22 Jahre zählte, eher die ältere Schwester als die Stiefmutter sehen konnte. Ist im übrigen die französische Benennung »belle-mère« nicht liebenswürdiger als die deutsche?

Von kurzen Unterbrechungen abgesehen, werden die

beiden Frauen bis zum Tode des Herzogs beisammen bleiben. Fast zehn Jahre hindurch sollte Margarete die verstorbene Mutter und auch den Vater, der fast ständig unterwegs ist, ersetzen. In all diesen Jahren – und darüber hinaus – bleibt sie ihr die zuverlässigste Ratgeberin mit stetem Blick auf das große Erbe, das zu verwalten ist. Auch bei dem dramatischen Gerangel um den künftigen Gemahl folgt sie in erster Linie der Herzensneigung ihrer Tochter und stellt eigene Wunschvorstellungen im Hinblick auf englische Bewerber zurück. Überhaupt ist es respektabel, wie sie Burgund stets vorrangig im Auge behält.

Wir hörten schon, daß die Stadt Gent Wert darauf legte, die Erbprinzessin in ihren Mauern beheimatet zu wissen. So blieb das Schloß Ten Walle die übliche Residenz für Mutter und Tochter. Margarete weilte gelegentlich auch im Prinsenhof zu Brügge bei ihrem Mann, doch schlossen die fortwährenden Kriegszüge des Herzogs ein häufiges Beisammensein aus. Hin und wieder verschaffte man sich auch Abwechslung in den Schlössern ringsum. Berühmt als das Versailles Burgunds war zum Beispiel Hesdin, gleichfalls eine Schöpfung des prachtliebenden Herzogs Philipp. Maria hielt sich dort in den Monaten Dezember 1468 bis April 1469 auf, nicht ohne vertiefende Einblicke in die hohe Kultur ihrer Zeit zu gewinnen. Dazu dienten nicht nur erlesene Kunstwerke, sondern auch Apparate mit ausgeklügeltem Mechanismus, ähnlich den kreisenden Kronleuchtern, die sie bei der Hochzeit in Brügge bewundert hatte.

In diese Zeit fällt auch der Besuch des Herzogs Sigismund von Österreich, der bei Karl dem Kühnen seine Aufwartung macht, um erste Gespräche im Hinblick auf eine künftige Heirat der Prinzessin mit dem Sohn des Kaisers zu führen. Marie erfuhr davon nur am Rande. Immerhin wird ihr Mutter Margarete klargemacht haben, daß sie nun immer mehr im Mittelpunkt eines um sie kreisenden Heiratskarussells stehen würde. Und sie mag hinzugefügt haben: leider ein Spiel, bei dem in der Regel die eigentlich Betroffenen nur passiv beteiligt sind, d. h. ohne Brems- oder Steuerbefugnis. Vielleicht erwähnte sie zum Trost auch das Kuriosum, daß Kaiser Karl IV. und der Burggraf Friedrich von Nürnberg 1386 so weit gingen, bereits vor der Geburt ihre noch zu erwartenden Kinder zu verkuppeln.

Marie, inzwischen immerhin zwölf, wurde zusehends nachdenklich. Dabei bestand eigentlich gar kein Grund zur Besorgnis, denn eben dieser junge Prinz Maximilian, den Herzog Sigismund ins Gespräch brachte, würde dereinst der Mann ihres Herzens sein. Doch wer hätte dies ahnen können? Jedenfalls würden sich zuvor auf die reichste Erbin Europas noch viele politische Schach-, wenn nicht gar Feldzüge konzentrieren. Vielleicht wußte der Papagei, den der Herzog der Prinzessin als Gruß aus Wien zum Geschenk machte, insgeheim mehr über die sich mühsam anbahnende Beziehung zum Hause Habsburg. Jedenfalls wurde er als willkommene Bereicherung der hauseigenen Menagerie, zu der bereits Hunde und Äffchen zählten, begrüßt.

Als Falknerin zu Pferde

Das besondere Interesse der passionierten Reiterin aber galt den Pferden. Sie verliehen ihr sozusagen Flügel in die Befreiung aus dem Zeremoniell und dem dräuenden Mauerwerk der Festung Ten Walle, besonders dann, wenn sie die Gesellschaft ihrer Mutter missen mußte. Wohltuend empfand sie auch die Zuneigung der Genter Bürger, die »ihrer« Prinzessin, wenn sie anmutig vorbeiritt, freundlich zuwinkten. Von diesem Zuspruch angespornt, gab sie ihrem »Sturmwind« die Zügel frei, um unbeschwert, so wie die Lerche sich jubelnd in die Lüfte schwingt, den ziehenden Wolken nachzujagen. Mit zunehmender Sicherheit zu Pferde konnte sie sich bald auch der hohen Kunst der Falkenjagd oder Reiherbeize zuwenden.

Wir möchten den Leser etwas eingehender damit vertraut machen, weil diese Art der Jagd viele Jahrhunderte hindurch in hohem Ansehen stand, für die Prinzessin aber geradezu von schicksalhafter Bedeutung wurde.

Wir dürfen annehmen, daß sie sich, was die Theorie der Jagd mit Falken anbelangt, schon früh mit dem damals maßgebenden Lehrbuch »De arte venandi cum avibus« (Über die Kunst, mit Vögeln zu jagen) befaßte. Kein Geringerer als der Staufenkaiser Friedrich II. (1194–1250) hatte es geschrieben. Dieses Buch mußte sie in vielfacher Hinsicht ansprechen, da es einen Sport pries, der neben perfekter Reitkunst hohe menschliche Qualitäten voraussetzt: Mut, ein wachsames Auge, Einfühlungsvermögen, Ritterlichkeit, Selbstzucht. Ja der Kaiser ging sogar so weit, im Falkner den Inbegriff des vornehmen Menschen zu sehen. Im Hinblick auf diese hohe Wertung ist nicht etwa das »Beutemachen« die Hauptsache bei der Falknerei, sondern das viel Geduld und Feingefühl fordernde Zusammenspiel zwischen Mensch und Tier. Mit anderen Worten: Es kommt darauf an, den Falken so zu zähmen, daß er die Stimme seiner Herrin genau zu unterscheiden weiß und ihrem Zuruf selbst in der erregendsten Phase seines Jagdtriebes gehorcht. Auch auf das Mienenspiel soll er dressiert sein.

Sobald das Wild auffliegt, werden die Beizvögel, denen zuvor die Kappe oder Haube vom Kopf genommen wurde, hochgelassen. Jäger und Verfolgter, das heißt Falke und Reiher, suchen sich jetzt an Höhe zu überbieten. Schließlich kommt es zum Luftkampf, dem dann in einem gewissen Stadium Einhalt geboten wird, indem der Falke zur Rückkehr auf den Arm des Jägers veranlaßt wird. Dies geschieht meist mit dem sogenannten Luder, einem Federspiel, oder auch auf Zuruf. Und darin besteht eben die ritterliche Kunst: den Falken zu lehren, aus der Freiheit der Lüfte und der Hitze des Kampfes auf die Hand seiner Herrin zurückzukehren.

Nicht immer endet der Luftkampf für einen der Gegner blutig oder gar tödlich. In der Regel unterliegt der Reiher, indem er, vom Falken geschlagen, zu Boden stürzt, um dann von Hunden aufgestöbert oder von begleitenden Reitern als Beute aufgenommen zu werden. Als Trophäe pflegte man dem geschlagenen Reiher lediglich ein paar feine Halsfedern auszuziehen und dem Jagdherrn oder der Dame zu überreichen. Ja es ist überliefert, daß man Reiher mit fünf Ringen erlegt habe, das heißt: dem mehrfach gebeizten Vogel war immer wieder die Freiheit geschenkt worden.

Um eine noch genauere Vorstellung vom Ablauf einer Falkenjagd zu geben, sei hier eine anschauliche Beschreibung von 1742 (J. H. Zedler) zitiert:

»Reiherbeize ist eine Jagdlust großer Herren, da sie die Reiher mit abgerichteten Raubvögeln, Falken oder Blaufüßen, fangen lassen. Man nimmt solche an einem schönen und stillen Tage vor und begibt sich zu Pferde mit den Falken an einen solchen Ort, wo man weiß, daß sich Reiher aufhalten. Wenn nun Stöberhunde einen Reiher aufgetrieben, der Falkonier auch zum rechten Vorteil den Vogel abgeworfen, und der Reiher den Falken gewahr wird, so speiet er den eingeschluckten Raub von kleinen Fischen während Flugs herab, um sich zur Flucht leicht zu machen, oder da er noch nüchtern, fänget er an mit besonderem Fleiß über sich zu steigen, daß er fast kaum zu sehen; der Falke steiget auch in die Höhe, tut aber, als ob er den Reiher nicht sähe, bis er durch sonderbare Umschweife und unglaubliche Geschwindigkeit dem Reiher die Höhe abgewonnen, worauf er anfänget, mit seinen starken Waffen auf den Reiher einen heftigen Anfall zu tun, gibt demselben einen Griff und Fang, dann schwingt er sich wieder ober, um und neben ihm herum, bis er seinen Vorteil ersiehet, ihn gar anzupacken, weil er sich vor des Reihers spitzigem Schnabel wohl vorzusehen hat, indem hierdurch, wenn der Reiher den Hals auf den Rücken legt und den Schnabel über sich hält, mancher junge unerfahrene Falke gar leicht und öfters gespießet, weswegen auch zuweilen zwei Falken, als ein alter und ein junger, auf einen Reiher gebeizet werden, damit destoweniger Gefahr dabei zu besorgen.« (14)

Wir wissen, daß Falken aus den Niederlanden damals in ganz Europa begehrt waren. Auch Prinzessin Marie pflegte schon in jungen Jahren die ritterliche Zucht im Umgang mit den Beizvögeln. Ihre Falken waren hervorragend abgerichtet. Nach Rückkehr von der Jagd pflegte sie den Vogel auf eine Stange neben dem Kamin ihres Salons zu setzen. Sie befaßte sich dann eine Zeitlang mit dem Tier, um es an Stimme und Mienenspiel zu gewöhnen.

Auch auf ihre Windhunde konnte sie sich verlassen. Sie waren ebenso flink wie treu. Eines Tages hatte sich einer in den Straßen von Brügge verloren. Als sich dies rundsprach, war alt und jung sofort auf den Beinen, um ihr bei der Suche behilflich zu sein.

In besonders angenehmer Erinnerung sollte Mutter und Tochter der 17. Oktober 1471 bleiben: und zwar bereitete die Stadt Mons ihnen einen überschwenglichen Empfang. Man konnte sich nicht satt sehen an den beiden Prinzessinnen auf ihren weißen, kostbar gesattelten Zeltern. Wir können uns heute nur schwer den Glanz eines solchen Schauspiels vergegenwärtigen, vermögen doch die Staatskarossen unserer Zeit die Harmonie weiblicher Eleganz, wie sie sich zu Pferde präsentiert, nicht zur Geltung zu bringen. Die alljährliche Geburtstagsparade der britischen Königin bietet wohl die einzige Erinnerung dieser Art, und es ist nicht nur der Sinn für Tradition, sondern auch ein Zugeständnis an den Tourismus, wenn man die Queen und ihre Garde »on horseback« paradieren läßt.

Nicht minder entzückte damals der Anblick dieser edlen Frauen auf ihren rassigen Pferden, noch gesteigert durch die farbfrohe Kulisse kostbarer Tapisserien und Webarbeiten, welche ihren Weg zierten. Ob man Karl dem Kühnen, dem Vater und Gatten, einen ähnlich begeisterten Empfang bereitet hätte, ist zu bezweifeln. Das Gepränge, mit dem er aufzutreten pflegte, würde zwar die Augen auf ihre Kosten kommen lassen, weniger aber das Herz. Seine eher finstere Erscheinung mußte bei aller Anerkennung seiner auf Ordnung und Gerechtigkeit bedachten Persönlichkeit unwillkürlich auch an Unfrieden und Kriegslasten erinnern. Und wer hatte das Geld für seinen prunkvollen Mantel aus gezogenem Gold, den man damals auf 100 000 Gulden schätzte, aufgebracht?

Margarete und Maria aber boten ungetrübte Augenweide. Dabei wertete man besonders, daß ihre hoheitsvolle Haltung niemals gepaart war mit lässiger Herablassung »vom hohen Roß«.

Noch heute läßt die »Landshuter Hochzeit« (zuletzt 1981) die Eleganz berittener Hoheit nacherleben. Alle Frauen reiten im Damensattel auf exzellenten Pferden, deren gestriegeltes Fell mit dem Glanz der Samtroben wetteifert. Und welche Behendigkeit, wenn eine Reiterin den Freundschaftskranz, aus weit entferntem Fenster zugeworfen, gekonnt auffängt. Mit ihnen geben sich Falkner, Ritter, Reisige und Hunderte von Mitwirkenden in den Kostümen des Mittelalters ein Stelldichein. Natürlich ist auch Maximilian dabei, der 1475 seinen Vater Kaiser Friedrich III. zu dieser denkwürdigen Hochzeit zwischen der polnischen Königstochter Hedwig und dem Landshuter Herzogsohn Georg begleitete.

Begehrt und umworben wie keine

Bei dem Bemühen des Herzogs, die Macht und das Ansehen Burgunds zu festigen, mußte der Heiratspolitik besondere Bedeutung zukommen. Schon seine Vorfahren hatten diese Seite der Diplomatie mit Erfolg praktiziert. Ihnen war es letzthin zu verdanken, daß seine Tochter inzwischen als reichste und attraktivste Erbin Europas anzusprechen war. In dem Schachspiel seiner Bündnispolitik aber war sie mehr als nur Prinzessin: ihr kam der Rang einer Königin zu – so wie es überhaupt sein Ziel war, Burgunds besonderer Bedeutung »zwischen Lilienbanner und Reichsadler« durch die Erhebung zum Königreich Ausdruck zu verleihen.

Natürlich war Karl weit davon entfernt, seine Tochter auf dem Heiratsmarkt anzupreisen, drängten sich doch die Bewerber ohne sein Zutun förmlich auf. Er wäre ein schlechter Diplomat gewesen, hätte er nicht die einzelnen Freier gegeneinander ausgespielt, um den bestmöglichen Erlös zu erzielen.

Manchmal war er dieser Rolle als Heiratsvermittler allerdings überdrüssig, da gewisse Praktiken damit verbunden waren, die seiner grundsätzlich auf Ehrlichkeit angelegten Natur nicht lagen. So soll er in einer Anwandlung des Überdrusses ausgerufen haben: Man sollte mich lieber ins Kloster schicken als auf den Heiratsmarkt! Wenig später aber rief er sich wieder zur Ordnung durch den Appell: Wenn dir schon ein männlicher Erbe versagt ist, so sorge wenigstens für einen Prinzgemahl, der die Macht und Größe Burgunds mehrt und festigt!

Schon in früher Kindheit war Maria in Gefahr, verpfändet zu werden. Sie war gerade fünf Jahre alt, als Johann II., König von Aragon, erstmalig um ihre Hand anhielt, und zwar für seinen Sohn, den späteren Ferdinand den Katholischen. Damals lag die Entscheidung bei Großvater Philipp. Er ließ die Heirat in der Schwebe, da Johann sich zu eindeutig an den französischen König Ludwig anlehnte. Hätte Philipp die Zukunft deuten können, so wäre ihm nicht entgangen, daß sein Urenkel, Philipp der Schöne, vier

Jahrzehnte später ohnehin die spanische Krone tragen würde.

Schon im folgenden Jahr, 1463, tritt erstmalig das Haus Habsburg, diskret vorfühlend, in Erscheinung. Und zwar schreibt Papst Pius II., der zuvor unter dem Namen Aeneas Sylvius Piccolomini Kanzler des Kaisers Friedrich III. gewesen war, in Angelegenheiten des Kreuzzuges an Philipp und spricht dabei von der Möglichkeit einer Ehe Marias mit dem Kaisersohn. Der Habsburger hat zwar bei seiner bescheidenen Hausmacht keine besonderen Schätze zu vergeben, doch würde er als Kaiser befugt sein, zumindest eine Provinz Burgunds als gekröntes Reichslehen aufzuwerten. Damit kommt erstmalig eine Zielsetzung ins Spiel, die insbesondere für die spätere Politik Karls von entscheidender Bedeutung werden sollte: das Verlangen nach Rangerhöhung und europäischer Anerkennung durch den Königstitel. In der Tat würde die Königskrone dem buntgewürfelten Mosaik Burgund eine ebenso glänzende wie haltbare Fassung geben.

Während nun die verlockende Beziehung Habsburg–Burgund zunächst in der Schwebe bleibt, dreht sich das Karussell unentwegt weiter. Als nächster Bewerber tritt 1463 der Bruder König Ludwigs XI., der Herzog von Guyenne, auf den Plan. Seine dürre, schwächliche Statur spricht nicht eben zu seinen Gunsten. Marie hätte sich, wäre sie überhaupt gefragt worden, gewiß nicht in ihn verlieben können. Er war nicht nur häßlich, sondern auch so mager, daß er sich die Ausübung ritterlicher Künste versagen mußte. Immerhin galt er als der erste Anwärter auf die französische Krone. Im übrigen hatte er allen Bewerbern das Eine voraus: Er ließ sich an Hartnäckigkeit nicht übertreffen. Bis auf weiteres vergnügte er sich jedoch mit der koketten Colette de Chambes.

Die Anregung eines Bündnisses Burgund–Habsburg wurde nun, wie wir bereits hörten, 1469 wieder aufgegriffen, als nach dem Tode Herzog Philipps der Vetter des Kaisers, Sigismund von Tirol, zu Verhandlungen in Hesdin eintraf. Neben gegenseitigen Schutz- und Trutzverträgen wurde auch diesmal wieder der Heiratsplan erörtert. Karl der Kühne, inzwischen Herzog, machte sich nunmehr stark, seine Tochter nur noch gegen die Königskrone einzutauschen. Dem Kaiser aber war inzwischen klargeworden, daß er beziehungsweise der Papst damals zuviel in Aussicht gestellt hatten: Die Kurfürsten würden Einspruch erheben.

Inzwischen aber war Ludwig XI. nach 14jähriger Ehe mit Charlotte de Savoie doch noch ein Kronprinz geboren worden, der spätere Charles VIII. Und nun geschieht das Unglaubliche: Ludwig XI. versucht, seinen Baby-Dauphin, der kaum den Windeln entschlüpft ist, Marie als künftigen Gemahl in den Schoß zu legen, eben jener Prinzessin, die er seinem Bruder, dem Herzog von Guyenne, planmäßig verleidet hatte. Natürlich sollte auch dieser fragwürdige Ehevertrag mit politischem Schacher gekoppelt sein: Ludwig XI. würde Amiens und St. Quentin an Karl abtreten, während dieser sich mit dem König von Frankreich gegen die aufsässigen Herzöge von Guyenne und Bretagne verbünden würde.

Unterdes aber betreibt der Duc de Guyenne, der von diesen geheimen Verhandlungen nichts weiß, seine Bewerbung weiter. Doch mit seinem plötzlichen Tode findet das diplomatische Tauziehen um die mehr oder weniger ahnungslose Prinzessin ein willkommenes Ende. Man erzählt, der Bruder des Königs sei beim Schälen eines Pfirsichs mit einem vergifteten Messer zu Tode gekommen. Nun, da Ludwig dieses Quertreibers ledig ist, kann auch die Akte »Mariage Dauphin–Marie« als nicht mehr dringlich beiseite gelegt werden. Karl der Kühne aber beschuldigt den König, den Bruder vergiftet zu haben.

Im Winter 1471/72 hält sich Marie in Mons, der Hauptstadt des Hennegaus, auf, um einer Epidemie, die in Flandern wütet, zu entgehen. Vorher hat ihr Leibarzt, Jehan Spinghs, sich mit peinlicher Genauigkeit der sanitären Verhältnisse in der Stadt vergewissert. Die Unterbringung erfolgt im herzoglichen Hof de Naast. Über Nacht sieht sich die 14jährige Prinzessin im Mittelpunkt zahlreicher Ehrungen. Seitens der Stadtverwaltung erhält sie eine goldene Halskette. Auch werden ihr Pflanzen und Ziersträucher zur Verschönerung ihres Gartens geschenkt.

Am 15. Dezember 1471 wird sie in aller Eile zum Schloß Motte-au-Bois gebracht, wo sie mit ihrem Vater von ihrer sterbenden Großmutter Isabelle de Portugal Abschied nimmt. Sie kehrt dann nach Mons zurück, wo sie im Sommer 1472 erstmalig auch persönlich in das sie betreffende Heiratsgeschäft eingeschaltet wird. Diesmal ist es der Herzog von Lothringen, Nikolaus von Kalabrien, der um sie wirbt. Er war mit der ältesten Tochter Ludwigs XI. verlobt. Doch dessen ungeachtet verspürt der Herzog plötzlich das Verlangen, mit Karl dem Kühnen ins Geschäft zu kommen, da ihm die burgundische Tochter die wertvollere Partie zu sein scheint. Karl spricht sofort an, da die Abrundung seines Herrschaftsbereiches durch Lothringen, das die nördlichen und südlichen Provinzen Burgunds trennt, eines der wesentlichen Ziele seiner Politik ist. Er macht dem Herzog sogar das dem Duc de Guyenne versagte Zugeständnis, Marie persönlich seine Aufwartung zu machen. Wie nicht anders zu erwarten, finden beide Gefallen aneinander. In der Tat, es war bekannt, daß Nicolas bei den Frauen Erfolg hatte, und wohl zu Recht hatte man ihm den Beinamen »Plaisant« gegeben. Daß ihm andererseits an Marie nicht nur aus politischen Gründen gelegen war, geht wohl auch daraus hervor, daß er einen ganzen Monat in Mons verblieb und ihr fast täglich den Hof machte.

Gewiß war er von der Prinzessin entzückt. Wir haben zwar keine zeitgenössischen Darstellungen ihrer äußeren Erscheinung. Doch steht außer Zweifel, daß sie wie ihre Eltern und Großeltern gut gewachsen war und als hervorragende Reiterin galt. Dennoch war sie nicht der Typ der robusten Amazone, da ihr übereinstimmend Gemütstiefe und Liebreiz bestätigt werden. Es ist nicht überliefert, ob man von einer beiderseitigen echten Zuneigung sprechen konnte. Die offiziellen Verlobungsbriefe geben dazu keinen Hinweis, da sie, den Gepflogenheiten des politischen Heiratsmarktes entsprechend, Gefühlsäußerungen nur wenig Raum lassen. Sie sind vielmehr ein nüchterner Kontrakt mit dem Versprechen, zu Lebzeiten keinen anderen Gatten zu nehmen (»jamais d'autre épouse ni femme que vous«).

Wenige Monate später ergeben sich jedoch für Karl den Kühnen neue Gesichtspunkte, die es ratsam erscheinen lassen, das Verlöbnis in der Schwebe zu halten. Vermutlich ist die erneut begründete Aussicht im Spiel, durch

Bindung an das Haus Habsburg die Königswürde zu erlangen. Es kommt zwar nicht zum Bruch mit Nicolas. Dieser scheidet jedoch als Bewerber aus, da ihn eine Epidemie in Lothringen hinwegrafft.

Ob die Prinzessin diesem charmanten Freier nachgetrauert hat? Gewiß, sie war dazu erzogen, sich auf eine Heirat einzustellen, bei der in erster Linie politische Erwägungen den Ausschlag geben. Doch selbst die härteste Disziplin vermag Gefühle, zumal bei jungen Menschen, nicht völlig zu unterdrücken. Und gerade bei Marie sollte sich später sehr deutlich zeigen, wie sehr das Herz und echte Liebe bei ihr nach Erfüllung drängten. So dürfte dieser Juni in Mons für sie ein echter Vorgeschmack gewesen sein für die Wonnemonate, die ihr später beschieden sein sollten. Jedenfalls möchte man wünschen, daß sie noch zu jung war, um untröstlich verliebt zu sein.

Wieder einmal war sie nur Spielball der Diplomatie gewesen, eine Schachfigur der Politik, wenn auch vom »Läufer« langsam zur »Königin« avancierend. Doch würde sie jemals selbst den nächsten Zug bestimmen können? – Möglichst als »Rössel«, mal charmant seitwärts tänzelnd, mal forsch vorpreschend!

Trier und Neuss –
Etappen auf dem Wege zur Habsburg

Zunächst jedenfalls muß sich Marie damit abfinden, daß ihr künftiges Ehegeschick nun eng verknüpft ist mit dem entschiedenen Bestreben ihres Vaters, die Königskrone des »Heiligen Römischen Reiches Deutscher Nation« zu gewinnen. Die Prinzessin ist dabei die Trumpfkarte in seiner Hand. Als König der Römer würde er praktisch der designierte Nachfolger des Kaisers sein, und als Kaiser würde er dann seinem Schwiegersohn die Königskrone sichern. Karl hat bereits eine genaue Vorstellung von den diesbezüglichen Plänen und Vertragsklauseln. Er übermittelt sie dem Kaiser nach Wien. Friedrich III., von Natur ohnehin bedächtig, zudem auf das Wohlwollen der Kurfürsten angewiesen, hält jedoch die Entscheidung lange Zeit in der Schwebe. Als Unterhändler in dieser Angelegenheit aber fungiert weiterhin sein Vetter Herzog Sigismund.

Andererseits besinnt sich Karl darauf, daß es bei diesen Verhandlungen nicht zuletzt auch um das persönliche Wohl seiner Tochter geht. Vielleicht hatte das Scheitern des Verlöbnisses mit Nicolas doch eine Wunde in ihr hinterlassen. Deshalb beauftragt er seinen Gesandten Pierre de Hagenbach, Landvogt des Oberelsaß, der die deutsche Sprache beherrscht, in Wien »Monseigneur Maximilien« einen Besuch abzustatten »et de considérer son estature et corpulence, ses moeurs et conditions«, um also des Herrn Maximilian Wuchs, Leibesfülle, Charakter und sonstige Gegebenheiten zu begutachten.

Wir erfahren nichts über das Ergebnis der »Brautschau«. Sie dürfte jedenfalls nicht negativ ausgefallen sein, wenn man von den relativ ärmlichen Verhältnissen des Hauses Habsburg absieht. Nunmehr wurde ein Treffen der Beteiligten in Trier verabredet. Das Heiratsprojekt und im Zusammenhang damit die Verleihung der Königswürde sollten vordringlich behandelt werden. Aber auch andere Fragen bilateralen Interesses, wie der heutige Sprachgebrauch lautet, standen auf der Agenda. Da zudem wichtige Entscheidungen von gesamteuropäischem Belang zu erwarten waren, schickten die meisten Kanzleien Beobachter beziehungsweise Gesandtschaften in die alte Römerstadt. Insbesondere waren die deutschen Kurfürsten vertreten. Um ihre Machtposition nicht zu schmälern, legten sie begreiflich Wert darauf, ihr Mitspracherecht bei den Verhandlungen zu wahren. Vornehmlich galt dies für die von Karl erstrebte Rangerhöhung.

Abgesehen von dieser Anteilnahme aus politischen Beweggründen, zog jedoch auch die zu erwartende Augenweide viele Schaulustige nach Trier, war doch damit zu rechnen, daß der Burgunderherzog sein ganzes Prunkarsenal aufbieten würde, um Macht und Wohlstand seines Reiches zu dokumentieren. Tatsächlich war Karl auf derartige Schaustellung angewiesen, da ihn sein Rang in der Hierarchie des europäischen Adels keineswegs hervorhob, gab es doch Dutzende von Herzögen im weiten Rund des Kontinents.

Es fehlt nicht an zeitgenössischen Berichten über die von Karl inszenierte Galaschau. Sie sei wenigstens andeutungsweise geschildert, um vor Augen zu führen, mit welchem Aufwand sich der Herzog gegenüber dem Kaiser und den Fürstenhäusern ins Licht zu rücken suchte. Wenn überhaupt noch irgendein Zweifel bestehen sollte, daß die Erbprinzessin tatsächlich als die begehrteste Partie in Europa zu gelten hatte, hier in Trier würde auch der letzte Zweifler eines Besseren belehrt werden. Maria selbst, die eigentliche Krone, aber wurde entweder mit Absicht noch nicht zur Schau gestellt, oder aber die eigenwilligen Genter hatten die Ausreise versagt. So konnte Maximilian, der den Kaiser begleitete, zunächst nur von ihr träumen. Doch schon den Vater zu sehen, war ein Erlebnis: diese kraftvolle ritterliche Erscheinung inmitten seines überwältigenden Hofstaates!

Tatsächlich gleicht in diesem Herbst 1473 die Stadt und ihre Umgebung einem Heerlager, trumpft doch Karl mit nicht weniger als 15 000 Soldaten auf, darunter mehr als die Hälfte beritten. Besonderes Augenmerk gilt den Panzerreitern, deren Pferde ihre golddurchwirkten Schabracken und klingenden Schellen tänzelnd präsentieren. Doch wohin sich das Auge auch wendet, die Eindrücke überbieten sich. Ob es nun die feschen Pagen in ihren himmelblauen Samtjacken an der Spitze des Zuges sind oder die Trompeter mit ihren blitzenden Instrumenten oder die 14 Wappenherolde, die jeden der burgundischen Staaten in ihrer Eigenart repräsentieren. Und wer könnte die Ritter vom Goldenen Vlies in ihren wallenden, reich verzierten Mänteln übersehen? Alle aber stellt der Herzog selbst in den Schatten. Schon seine gebieterische muskulöse Erscheinung beeindruckt. Der vergoldete Küraß und der mit Edelsteinen besetzte Mantel aber verleihen ihm gar den Glanz eines römischen Imperators.

Kaiser Friedrich andererseits hatte sich und seinen Hofstaat gehörig aufpolieren lassen, um den zu erwartenden Prunk einigermaßen parieren zu können. Man bedenke: Allein der diamantene Schmuck an Karls Hut, die Perlen an Mantel und Zaumzeug mochten den zehnfachen Wert der Jahreseinkünfte haben, die ihm, dem Kaiser, seine Erblande einbrachten. Da wie üblich das Geld nicht reichte, hatte er sich bei dem Tuchhändler und Bankier Fugger einen entsprechenden Kredit geben lassen – eine Geschäftsverbindung im übrigen, die fortan für beide Häuser von Belang sein sollte.

So präsentiert also auch der Kaiser ein großes Aufgebot an Rittern, Trompetern, Armbrustschützen und Herolden. Der eigentliche Trumpf aber ist sein Sohn, Erzherzog Maximilian, an dem gewiß auch die Prinzessin Gefallen gefunden hätte. Obwohl erst 14 Jahre alt, wirkt er auf seinem braunen Hengst in goldschimmernder Gewandung überaus stattlich. Auch den Herzog beeindruckt der junge Mann. Er ist nun nicht mehr auf die Beschreibung seiner Gesandten angewiesen. Man wird sich rasch näherkommen, war doch schon die erste Begegnung überaus herzlich. Ja, Maximilian sieht in dem Herzog geradezu das Idol des ritterlichen Helden. Täglich weilt er nun draußen im Feldlager, um des Burgunders Heerschau zu bewundern: die Wagenburgen, die Geschütze, die Bogenschützen und die Panzerreiter. Abends aber träumt er davon, einer solchen Streitmacht dereinst gebieten zu können.

Die folgenden Tage brachten dann eine weitere Steigerung der von Karl inszenierten Galaschau. In einer schier endlosen Karawane von nicht weniger als 400 Gepäckwagen voller Prunkteppiche, Gemälde, Schreine und anderer

Kostbarkeiten hatte der Herzog seinen gesamten Hof-schatz nach Trier schaffen lassen. Diesen präsentierte er nun im Stil einer Kunstmesse in der Kirche St. Maximin, wobei Reliquiare, Gold- und Silbergeschirr, Juwelen und Brokatkleider von unermeßlichem Wert einen besonderen Rang einnahmen.

Es würde zu weit führen, die sich täglich überbietenden Empfänge, Gottesdienste und Bankette zu beschreiben. Erwähnt sei nur noch, daß auch die berühmte vielstufige burgundische Kredenz, überhäuft mit goldenem Hausrat aller Art, entsprechend zur Geltung gebracht wurde. Und zwar wurde der Kaiser jeweils so plaziert, daß er die erlesensten Prunkstücke unmittelbar vor Augen hatte.

Vater und Sohn waren angesichts all dieses für sie ungewohnten Reichtums offensichtlich beeindruckt. Die anwesenden Kurfürsten ließen sich jedoch durch diese aufdringliche Parade nicht blenden. Andererseits gaben sie sich hinsichtlich des unbestreitbaren Machtpotentials des Herzogs keiner Täuschung hin. Würde ihm auch noch die Königskrone zuteil, so mußten sie um ihr eigenes Ansehen fürchten. Man erzählte sich übrigens, daß sich in Karls Gefolge ein grüner Papagei befand, der unablässig kreischte: Carolo Duci corona regia! Dem Herzog Karl die Königskrone!

Der Kaiser schwankte im Verlauf der Verhandlungen hin und her, rang sich jedoch schließlich zu dem Entschluß durch, Karl in Trier krönen zu lassen, mochten auch die Kurfürsten Bedenken haben oder gar ein Veto einlegen. Schon wurden die entsprechenden Vorbereitungen für den festlichen Höhepunkt getroffen, als sich über Nacht neue Verwicklungen mit den Gegnern einer weiteren Aufwer-tung Herzog Karls anbahnten, nicht zuletzt seitens des französischen Königs. So wich er vor dem letzten Schritt abermals zurück, ohne jedoch die Türe vollends zuzuschla-gen. Der peinlichen Situation, dem Herzog erneut als schwankendes Rohr gegenüberstehen zu müssen, aber ent-zog er sich, indem er mit seinem Sohn Trier bei Nacht und Nebel moselabwärts verließ.

Gut jedenfalls, daß Prinzessin Marie den verständlichen Zornausbruch ihres Vaters, der sich bereits als gekröntes Haupt sah, nicht miterleben mußte! Oder ob er sich diesmal in der Gewalt hatte? Zu gerne wäre sie in Trier dabei gewesen, aber unter diesen Umständen . . . Der ehrwürdigen Kaiserstadt aber war das glänzende Schauspiel einer Königskrönung entgangen; es hätte in den denkwürdigen Annalen der Augusta Treverorum wohl kaum seinesgleichen gefunden.

Der Herzog machte Bilanz: Gewiß, das Verhältnis Habsburg–Burgund hatte eine deutliche Abkühlung erfahren. Dennoch war der für Trier aufgewandte Einsatz nicht völlig abzuschreiben. Insgesamt hatte er sich zur Ehre Burgunds und seines Hauses gut in Szene setzen können, mochte auch sein Prestige durch den abrupten Aufbruch des Kaisers gelitten haben. Was die Kosten des aufwendigen Unternehmens anbelangte, so blieben diese für ihn eine quantité négligeable, war er doch mit seinen Schätzen ohnehin ständig unterwegs. Selbst im Felde umgab er sich mit ihnen, teils des Renommees wegen, aber auch zur Bestreitung unvorhergesehener Ausgaben.

Wie ein ins Luxuriöse gesteigerter Wanderzirkus vollzog sich jeweils dieser spektakuläre Umzug: von Brügge nach Gent, von Gent nach Brüssel, von Brüssel nach Trier, von Trier wieder nach Brügge, dann abermals westwärts nach Neuss, von dort nach Lausanne und dann schließlich, um der Rastlosigkeit endlich ein Ende zu setzen: ins Feldlager nach Nancy. Selbst den größten Diamanten führte er bei seinen Kriegszügen im Gepäck, bis er bei den Kämpfen mit den eisernen Eidgenossen neben vielen anderen Kostbarkeiten als Beutestück verlorenging – sehr zum Leidwesen der Prinzessin, die ihm jedoch als sein wertvollstes Schmuckstück erhalten blieb.

Maria aber nähte in Gedanken weiter an ihrem Brautkleid. Doch für wen?

Wie es nach ausgesprochener Verstimmung auf seltsamen Wegen nun doch wieder zu einer Annäherung zwischen Burgund und Habsburg und damit auch zwischen Maximilian und Maria kam, ist gewiß denkwürdig. Karl konnte sich nämlich nicht versagen, dem Kaiser einige Nadelstiche zu versetzen. Dazu bot sich eine Auseinandersetzung im Kurfürstentum Köln an, wo der regierende Erzbischof Ruprecht umstritten war. Das Domkapitel proklamierte einen Gegenkandidaten und suchte entsprechende Rückendeckung bei dem Kaiser, während Karl der Kühne Ruprecht seine Hilfe zusagte. Indem er so für den mächtigen Kurfürsten von 'Köln zu Felde zog, hoffte er dem Reich einen ernsten Schlag zu versetzen und seinen in Trier erhobenen Forderungen Nachdruck zu verleihen. Köln selbst war zu stark befestigt. Deshalb nahm er Neuss, einen der bedeutendsten Stützpunkte des Domkapitels, ins Visier, um durch die Einnahme dieser alten Römerstadt ein Faustpfand für seinen Kandidaten Ruprecht zu gewinnen.

Karl, der mit dem üblichen Gepränge des Hofstaates und einer geschulten Streitmacht, darunter kampferprobten englischen Bogenschützen, vor Neuss erschien, hatte gehofft, die Stadt in wenigen Tagen einnehmen zu können. Tatsächlich begann die Belagerung am 29. Juli 1474 mit allem Nachdruck. Doch die Neusser leisteten hinter ihren starken Mauern verbissen Widerstand, so daß sich die Kämpfe völlig wider Erwarten monatelang hinzogen. Ja Karl sah sich sogar genötigt, einen beträchtlichen Teil des Verwaltungsapparates an den Rhein zu verlegen, da er auch im Felde die Fäden der Regierung in der Hand zu halten pflegte.

Natürlich wurden auch die diplomatischen Fäden weitergesponnen, insbesondere das um Marie gesponnene Netz. So empfing der Herzog am 26. November 1474 den Gesandten des Königs von Neapel, der sich im Namen seines zweiten Sohnes, des Prinzen von Tarent, offiziell um die Hand der Prinzessin bewarb. Diese Kandidatur des italienischen Zweiges des Hauses Aragon war Karl durchaus nicht unsympathisch. Er behielt sich jedoch seine Entscheidung vor. Friedrich, der Prinz von Tarent, aber hielt das Eisen im Feuer, indem er seinem Schwiegervater in spe während der kommenden Feldzüge mit einem Kommando italienischer Söldner treu zur Seite stand.

Nach der Schlacht von Granson wurde er jedoch, um es vorwegzunehmen, von seinem Vater abberufen, da dieser wegen der immer noch in der Schwebe gehaltenen Heirat offenbar ungehalten war. Im übrigen hatte er zu der Zeit wohl auch den Glauben an den guten Stern des Téméraire verloren. Bei seiner ersten Begegnung mit dem Herzog im Feldlager zu Neuss war er dagegen noch überaus beeindruckt angesichts des Komforts, mit dem der Burgunder sich selbst an der Front zu umgeben wußte.

Inzwischen hatten die tapferen Neusser, immer noch ganz auf sich gestellt, einen Ansturm nach dem anderen abgeschlagen beziehungsweise sich durch wagemutige Ausfälle Luft verschafft. Im Sommer des Jahres 1475 aber waren sie dann dem Hungertode nahe, als der Kaiser, der lange gezögert hatte, endlich mit einem Entsatzheer anrückte. Bevor es jedoch zu einer möglichen Entscheidungsschlacht zwischen den beiden Schwiegervätern in spe kam, trat man in Verhandlungen ein, bei denen unter anderem der päpstliche Legat sowie der König von Dänemark vermittelten. Der Herzog wußte sehr wohl, daß er bei Fortsetzung des Kampfes, der ohnehin bereits ein Verlustgeschäft geworden war, das letzthin erstrebte Bündnis mit Habsburg, wenn nicht gar den Bestand seines Reiches, endgültig aufs Spiel setzen würde. Vor allem in Flandern war man nämlich nicht mehr willens, seine fortwährenden Kriegszüge zu finanzieren. So kam es also zur beiderseitigen Unterzeichnung des Waffenstillstandes von Neuss im Juni 1475. Nolens volens willigte Karl in den Abzug seiner Truppen ein, nicht ohne für die beteiligten Unterhändler in Düsseldorf ein üppiges Bankett arrangiert zu haben. Niemand sollte behaupten können, er sei wegen Erschöpfung seiner Mittel zum Nachgeben gezwungen gewesen.

Hier bei Neuss war es also zu einem nicht eben herzlichen Wiedersehen der beiden Machthaber gekommen. Bei den Verhandlungen hatte natürlich auch der umstrittene Ehebund erneut zur Diskussion gestanden. Die beiderseitige Zustimmung wurde jetzt, wie aus zuverlässigen Quellen hervorgeht, zumindest mündlich bekräftigt. Diesmal aber konnte Karl, wie neulich in Trier, den für die Erbprinzessin zu zahlenden Kaufpreis nicht nach Belieben höher schrauben. Im Gegenteil: Die Königskrone wurde von der Agenda gestrichen.

Trotz mündlichen Zusagen bahnte sich jedoch erneut ein Umschwung an. So sehr nämlich der Herzog das Bündnis mit Habsburg anstrebte, er geriet immer wieder in Versuchung, dem Spiel um Marie neue Aspekte abzugewinnen, da der Andrang der Bewerber nicht abriß und sich entsprechend wechselnde politische Konstellationen ergaben. Doch bevor wir darauf eingehen, sei die für den Herzog höchst erfreuliche Tatsache vermerkt, daß er sich mit überraschendem Zugriff das Herzogtum Lothringen aneignen konnte – mit Nancy als möglicher Hauptstadt. Damit war endgültig die Landbrücke in seiner Hand, welche die voneinander getrennten nördlichen und südlichen Länder Burgunds verbinden würde. Mit Genugtuung durfte er ferner zur Kenntnis nehmen, daß der Kaiser die Eroberung Lothringens offenbar duldete – für ihn ein weiterer Hinweis auf Friedrichs Spekulation, Habsburg und Burgund durch Heirat zu vereinen.

Maria aber mußte weiterhin auf den Prinzgemahl warten, den das Los, sprich: der Wille des Vaters, für sie bestimmte. Bereits zum fünftenmal hatte sie die Möglichkeit einer festen Verlobung entschwinden sehen. Ob sie sich unter diesen Umständen überhaupt nach einem Gemahl sehnte? – Wußte sie doch zu genau, daß in den regierenden Häusern die politische Vernunftehe die Liebesheirat immer mehr verdrängte. Darauf war auch ihre Erziehung weitgehend angelegt. Insbesondere ihre Hofdamen Anne de Salins und Marie d'Halewyn schulten sie in kalter Selbstbeherrschung, während Margarete von York ihr zur Ablenkung das literarische Studium nahelegte. Sie selbst unterhielt eine umfangreiche Bibliothek und wußte, wie sehr Bücher zu Freunden und Tröstern werden können.

Zum Zeitpunkt der Belagerung von Neuss zählte Maria 17 Jahre, immerhin ein Alter, in dem die meisten jungen Damen schon sehr genau wissen, was sie wollen. Prinzessinnen aber haben, wie man ihr klar zu machen suchte, ihr Wollen ausschließlich auf Disziplin und Haltung zu konzentrieren. Die Phase der jungen Liebe ist aus dem höfischen Kalender zu streichen. Doppelt schwer für die feinfühlige Maria, die in der anmutigen Frische ihrer 17 Lenze alle Welt durch ihren Charme und ihre hübsche Erscheinung entzückte. Wo immer, in Brabant oder Flandern, sie sich sehen ließ, spontane Beifallsrufe begleiteten ihren Weg. Dabei mischte sich in die Bewunderung stets wohl auch das Mitleid, diese reizende junge Prinzessin den Launen politischer Berechnung ausgeliefert zu sehen.

Was das Verhältnis zu ihrem Vater anbelangt, so gestaltete es sich insofern positiver, als er ihr mit zunehmendem Alter freundlicher entgegenkam. Zwar sah er Marie nach wie vor nur selten. Wenn er jedoch in Gent weilte, dürfte er keine Zweifel über seine Heiratsstrategie gelassen haben, stets betonend, daß die Zukunft und Mehrung des Reiches gegenüber gefühlsmäßigen Regungen den Vorrang haben müsse. Dennoch, so dürfen wir annehmen, war Karl nicht kalt gegenüber der Sprache des Herzens, wußte er doch selbst zu gut den Wert einer auf Sympathie begründeten Ehe zu schätzen. Und wenn er seinen Ehefrauen unbedingte Treue bewahrte, dann gewiß nicht nur im Sinne der Ritterlichkeit und des gegebenen Wortes, sondern auch aufgrund echter Zuneigung. Mag sein, daß er nicht zuletzt deshalb bei seiner Heiratspolitik zwischen kühler Berechnung und gefühlsbetonter Rücksicht hin und her gerissen wurde.

Das letzte Wort war jedenfalls noch nicht gesprochen. Andererseits war auch Marie nicht verborgen geblieben, daß der Favorit ihres Vaters, in dem Ringen um ihre Hand, Maximilian hieß, der gleiche Ritter, den auch sie erträumen, wenn auch nicht begehren durfte. Sie wußte nämlich sehr wohl, wie sehr die strahlende Erscheinung des Erzherzogs alle, die ihn in Trier sahen, beeindruckt hatte – nicht zuletzt ihren Vater. So mochten ihre Gedanken und Träume nur zu gerne nach Wien abschweifen zu jenem jungen Mann, der zwar zwei Lenze weniger als sie zählte, dennoch bereits als Inbegriff des edlen Ritters gerühmt wurde.

Doch einstweilen drehte das Roulette sich weiter. Wo zwischen Wien, Paris, Metz und Neapel würde es zum Stehen kommen? Zuletzt sprachen wir von einem italienischen Freier. Ob er wohl wußte, daß er zur gleichen Zeit ein oder zwei Nebenbuhler hatte? Der eine war der Sohn des Herzogs von Mailand, der Karl seine Truppen im Kampf gegen die Eidgenossen zur Verfügung gestellt hatte. Die zweite Bewerbung geht von der Herzogin Yolande aus, der Schwester des französischen Königs. Nach dem Tode ihres Mannes regiert sie im Namen ihres Sohnes Philibert das schöne Herzogtum Savoyen nebst Piémont, das Burgund benachbart ist. Wer kann es Karl verdenken, daß er Yolandes bzw. Philiberts Antrag im Interesse einer so verlockenden Machterweiterung ernsthaft in Erwägung zieht. Doch diesmal steht für Maria nicht viel auf dem Spiel, denn beide Bewerber wenden sich von Karl dem Kühnen nach dessen Niederlagen in der Schweiz ab. Noch gerade rechtzeitig verlassen sie das sinkende Schiff.

Karls des Kühnen tiefer Sturz

Dem Höhenflug des Herzogs folgte ein entsprechend tiefer Fall. Er wurde eingeleitet durch eine ganze Serie von verlustreichen Kämpfen gegen die Eidgenossen. Karl wollte mit ihnen abrechnen, da sie einen Aufstand im Elsaß unterstützt und auch Lothringen gegen ihn begünstigt hatten. Besonders verhängnisvoll war des Herzogs Niederlage bei Granson, da er neben seinem sieggewohnten Prestige auch einen beträchtlichen Teil seines Hausschatzes einbüßte. Tagelang tobte er wie von Sinnen, verweigerte die Nahrung, und es dauerte lange, bis er sein Gleichgewicht einigermaßen wiedergewonnen hatte. Dazu trug wesentlich ein Lichtblick in Gestalt des kaiserlichen Protonotars Dr. Georg Heßler bei, der ihn in Lausanne, wo er den vermeintlich entscheidenden Schlag gegen die Eidgenossen vorbereitete, aufsuchte. Daß ihn der Kaiser ausgerechnet jetzt, da sein Stern zu sinken begann, an den Abschluß der Heirat und damit an das Bündnis Burgund – Habsburg erinnerte, mußte ihn ermutigen. So ließ der Herzog am 14. April 1476 mit einer eindrucksvollen Heerschau noch einmal den gewohnten Glanz entfalten, um die Besiegelung des Friedens zwischen Burgund und dem Kaiser zu feiern. Es sollte die letzte Kundgebung dieser Art sein.

Mehr denn je war Karl jetzt entschlossen, den Vertrag mit dem Kaiser zum Abschluß zu bringen. Der Prestigeverlust vor Neuss und die Niederlage von Granson machten ein Bündnis mit Habsburg umso dringlicher. Sein Lorbeer war welk geworden, und eine leise Melancholie, die er sonst nicht gekannt hatte, beschlich ihn. Würde er die noch bevorstehenden Kämpfe mit den Schweizern überleben? Und wie sollte eine unverheiratete Tochter das große Erbe, das ihr zufallen würde, behaupten?

So übergibt er also dem Gesandten des Kaisers eine Erklärung, wonach er der Heirat endgültig zustimmt und zugleich vorschlägt, die Hochzeit am Martinstag in Köln zu begehen. Von Bedingungen ist nicht mehr die Rede. Vielmehr soll alles Weitere (aliae res tractandae) anläßlich der Hochzeit besprochen werden, und zwar ohne List und Trug, wie es ausdrücklich heißt (dolo et fraude semotis). In der Tat, ein Pakt von außerordentlicher Tragweite, rettete er doch den Bestand Burgunds und öffnete Habsburg den Weg zur Weltmacht.

Die Weichen sind jedenfalls gestellt, und Karl kann nun erleichtert seine Kräfte auf die unbequemen Eidgenossen konzentrieren. So wendet er sich an die Generalstaaten mit der dringenden Aufforderung, unverzüglich Verstärkungen nach Lausanne in Marsch zu setzen und mit ihnen seine Tochter. Er fügt hinzu, man möge für die unbedingte Sicherheit ihrer Reise und die ihrem Rang gebührende Begleitung Sorge tragen. Dieser Anordnung verleiht er besonderen Nachdruck durch den Hinweis, die Prinzessin sei als Alleinerbin sein kostbarstes Juwel. Vielleicht fühlt er sich zu dieser Bemerkung auch deshalb veranlaßt, weil er seinen wertvollsten Diamant in der für ihn so verlustreichen Schlacht bei Granson eingebüßt hatte.

Die Generalstaaten aber sind der ständigen Subsidien überdrüssig und gehen nur murrend auf die geforderte Hilfe ein. Auch die Prinzessin möchten sie nicht aus der Hand geben. Für den Herzog mag sie das kostbarste Juwel sein, für Gent bleibt sie das wertvollste Pfand. Im übrigen sahen sie es als ihre Pflicht an, die so umworbene Prinzessin und Erbin des Reiches, die man nach dem Tode ihrer leiblichen Mutter und der fast ständigen Abwesenheit des Vaters praktisch als Waise ansah, vor Übergriffen und Entführung zu schützen.

Für Karl den Kühnen mag diese Einengung seiner Handlungsfreiheit bitter gewesen sein. Doch Städte wie Gent, Brügge und Brüssel wollten als wohlhabende und entsprechend selbstbewußte Gemeinwesen hofiert werden, hatte doch der Herzog wiederholt am eigenen Leibe erfahren, wie aufsässig diese Stadtbevölkerung werden kann, wenn man ihre Privilegien antastet. Im übrigen war Karl gerade zum jetzigen Zeitpunkt mehr denn je auf ihr Wohlwollen angewiesen, da er ohne ihre Truppen- und Finanzhilfe seine Feldzüge nur mit halber Kraft fortführen konnte. So mußte er zähneknirschend den Entscheid der Generalstaaten hinnehmen, ihm die Entsendung seiner Tochter nach Lausanne zu versagen. Wir entsinnen uns, daß die Prinzessin auch in Trier nicht dabei sein konnte.

Am 22. Juni 1476 kommt es dann zu der entscheidenden Schlacht bei Murten – mit niederschmetterndem Ergebnis für Karl den Kühnen. Wie von Sinnen rennt er nun kopflos in den Abgrund. Immerhin läßt ihn die Todesahnung mit sicherem Instinkt das Erbe sichern. Der Kaiser hat inzwischen das Eheversprechen von Lausanne bestätigt und zugleich mitgeteilt, er werde Dr. Heßler nach Gent entsenden, um auch Marias Zustimmung einzuholen. Karl bedankt sich mit dem Bemerken, er habe die Prinzessin verständigt, sie möge unverzüglich und freudigen Herzens das Erforderliche veranlassen (omnia necessaria per eam sine mora fiant leto et bono animo). Im übrigen überläßt er dem Kaiser, den Ort für die Hochzeitsfeier zu bestimmen: falls nicht Köln, dann Aachen oder eine andere befestigte Stadt.

In einer zeitgenössischen Chronik heißt es, daß die Ankündigung der Heirat wie ein heiterer Sonnenstrahl den Nebel der Trauer durchdrang, der seit den Niederlagen von Granson und Murten über Ten Walle lastete. Überall wurden Freudenfeuer entzündet, und der Magistrat von Gent richtete im Rathaus für Marie, Margarete von York und den Hofstaat ein prächtiges Bankett aus.

Nach derselben Chronik war auch Erzherzog Maximilian freudig bewegt. Er schickte der Braut sein Porträt mit der Bitte um entsprechende Gegengabe, blieb es den zukünftigen Ehegatten doch bisher versagt, sich von Angesicht zu Angesicht zu sehen. Maria aber war so angetan von dem Bildnis Maximilians, daß sie es, wie der Chronist versichert, wohl zwanzigmal am Tage betrachtete. Sogleich ließ sie sich selbst im Bilde festhalten, um es mit dem gleichen Boten, sozusagen postwendend, nach Wien auf den Weg zu bringen. Im übrigen hatte sie auf Bitten ihres Vaters ihrem zukünftigen Gatten folgenden Brief geschrieben:

»Erlauchter Prinz, vielgeliebter Vetter. Ich empfehle mich Ihnen bestens. Durch Ihren Gesandten Heßler habe ich Ihre liebenswürdigen Briefe erhalten, zusammen mit den hübschen Juwelen, die Sie mir sandten. Dafür danke ich Ihnen von ganzem Herzen.

Mit Gottes Hilfe werde ich gern voll und ganz allen Anordnungen folgen, die mein sehr achtbarer Herr und

Vater im Hinblick auf mich ergehen läßt.

Vielgerühmter Prinz, teurer und vielgeliebter Vetter, der Heilige Geist bewahre Sie in Seiner Huld.

Geschrieben zu Gent, am 26. November. Ihre Cousine Marie.«

Diesem Brief war ein Diamant beigefügt – als greifbares Unterpfand des Eheversprechens. Übrigens ist die Benennung »Vetter« bzw. »Cousine« auf eine entfernte Verwandtschaft mütterlicherseits zurückzuführen.

Nach den Niederlagen von Granson und Murten war Karls Nimbus als des überlegenen, sieggewohnten Feldherrn endgültig dahin. An verbissener Kühnheit aber ließ er sich nach wie vor nicht übertreffen. Jetzt blieb ihm letzthin nur der Ruhm, seine Waffenehre durch den Tod auf der Walstatt zu besiegeln. Tatsächlich vollendete sich bei Nancy, der erträumten Hauptstadt seines Reiches, sein Geschick. Todesmutig focht er, zahlenmäßig weit unterlegen, bis zur letzten Konsequenz. Doch welches Ende eines Mannes, der sich in kultivierter Prachtentfaltung von niemandem hatte überbieten lassen! Hätte nicht auch sein Tod in die Sphäre des Unüberbietbaren erhöht sein müssen: als ein dramatischer Schlußakt mit heldischer Begleitmusik?

Doch nichts von dem! Erschlagen, halbnackt, von Wölfen angefressen fand man ihn erst nach Tagen als kümmerliches Wrack eines Heldenlebens! »Hélas, voicy mon bon seigneur!« Mit diesen Worten hatte ein Page seinen entstellten Herrn in den geborstenen Eisschollen eines Tümpels entdeckt. Kaum glaubhaft, daß ein Stern so glanzlos verlöschen sollte! Und so kam schon bald die Legende auf, der Herzog lebe noch, um wiedererstarkt zu einem neuen Schlage auszuholen.

Doch das Wunder ließ vergeblich auf sich warten: Der große Herzog weilte nicht mehr unter den Lebenden. Nicht auszudenken übrigens, wenn er in Gefangenschaft geraten wäre. Welches Lösegeld hätte man für ihn auf die Waagschale legen müssen! Doch seine Schweizer Gegner hielten wenig von dem ritterlichen, vornehmlich aber kommerziellen Brauch der Gefangennahme. Vielmehr zündete man in den Kirchen Kerzen an zum Dank für die Befreiung von dieser Landplage. In Lothringen aber läuteten die Glocken, während in flandrischen Städten lärmende Bankette hinter verschlossenen Türen stattfanden.

Das Reich Burgund aber lastete nun auf den Schultern eines jungen Mädchens von noch nicht zwanzig Jahren, das wohl den Umgang mit Handarbeiten, Falken und Pferden gelernt hatte, nicht aber mit den Ränken und Tücken der Politik. Doch so erbärmlich und hoffnungslos Karls Ende auch scheinen mochte, der Herzog hatte in seiner Tochter eine Geheimwaffe hinterlassen, deren Wirkung die einst so kühne Macht seiner Heere weit übertreffen sollte, war sie doch dazu berufen, einen beträchtlichen Teil des von ihrem Vater und Großvater errichteten Gebäudes zu retten, und zwar auf völlig unblutige Weise: durch Mut, Güte und Anmut.

Die Nachricht vom Tode ihres Vaters wurde ihr mit aller erdenklichen Rücksicht übermittelt. Zuerst wurde ihre Hofdame, Frau von Halewyn, verständigt. Dann sprach Kanzler Hugonet mit der Prinzessin unter vier Augen über die tödlichen Gefahren, denen seit jeher die Fürsten auf dem Schlachtfeld ausgesetzt sind, und er deutete auch an, wie grausig es vor den Toren von Nancy zugegangen sei. Maria begriff, was der Kanzler taktvoll umschrieb: Ihr Vater war auf der Walstatt geblieben! Doch bevor sie so recht das ganze Ausmaß der Tragödie erfassen konnte, beschwor der Kanzler sie, auf Gott zu vertrauen und sich nicht entmutigen zu lassen. Zugleich versicherte er sie der treuen Zuneigung der ehemaligen Berater ihres Vaters.

Karl der Kühne war eine so außerordentliche Persönlichkeit, daß es wohl angezeigt erscheint, ihm einen Nachruf zu widmen, der seiner Bedeutung gerecht wird. Uns ist umsomehr daran gelegen, als der Charakter Karls uns auch manchen Aufschluß über das Wesen seiner Tochter zu geben vermag. Vieles ist bereits angedeutet worden, doch rundet sich erst in der Zusammenfassung das Bild zur plastischen Gestalt.

Daß Karl eine kämpferische Natur war, die Krieg und Waffenehre suchte, steht wohl außer Zweifel. Sein schonungs- und rastloser Einsatz mag zwar in erster Linie der Mehrung persönlichen Ruhms gegolten haben, gründete jedoch auch in der ihm durch seine Vorfahren übertragenen Verantwortung für das Ideal eines mächtigen und glücklichen Reiches Burgund. Diesem Staat diente er nicht nur als Feldherr, sondern auch als befähigter Beamter und Rechtspfleger.

Jedenfalls war er nach Kräften bemüht, diesem so vielgestaltigen burgundischen Zwischenreich durch entsprechende Verwaltungsmaßnahmen das Bewußtsein der Zusammengehörigkeit aufzuprägen. Besonders ausgebildet war sein Rechtsempfinden: »Fuit princeps singularis iustitiae«, wie es in einer Chronik heißt. Selbst gegenüber Adligen war er unnachgiebig, wenn es galt, Gerechtigkeit walten zu lassen. So hatte einst Sir de la Hamaide, der zu seinem Gefolge gehörte, aus unbedeutendem Anlaß einen Mann niederen Standes ermordet. Er wurde auf ausdrücklichen Befehl des Herzogs und entgegen bisherigen Gepflogenheiten, auf dem Marktplatz in Brügge enthauptet.

Diesem Sinn für Gerechtigkeit entsprach auch Karls Gewohnheit, dreimal wöchentlich öffentliche Audienzen abzuhalten, wenn er sich in einer seiner Residenzen aufhielt. Diese Anhörungen, bei denen jedermann seine Klage vorbringen konnte, zogen sich oft bis spät in die Nacht hin, da Karl sich vor seinem Gewissen verantwortlich fühlte, selbst die verworrensten Angelegenheiten zu entwirren. Für ihn galt der Grundatz« »La justice est l'âme et l'esprit de la chose publique«. (Gerechtigkeit ist Seele und Geist des Gemeinwohls). So wird berichtet, daß er an einer Verhandlung teilnahm, bei der eine arme Frau gegen den Fiskus Klage führte. Von seinem Thron aus vernahm er mit Befriedigung das Urteil des Gerichtes, welches den Steuereinnehmer zur Wiedergutmachung des der Klägerin zugefügten Schadens veranlaßte.

In einer Zeit brutaler Sitten, in der die soziale Ordnung auf der Gewalt basiert, und in der es normal erscheint, daß der Starke den Schwachen unterdrückt, stellt diese leidenschaftliche Auffassung von Gerechtigkeit, wie wir sie bei Karl dem Kühnen finden, eine absolute Ausnahme dar. Sie erhebt ihn über die meisten seiner Zeitgenossen.

Was seine fortwährenden Kriegszüge anbelangt, so werden sie in etwa entschuldbar und erscheinen in anderem Licht, wenn man die hinterhältige Politik seines Gegenspielers Ludwigs XI. in Betracht zieht. Bei Karl dagegen

überwiegt die Treue gegenüber dem gegebenen Versprechen, Redlichkeit gegenüber den Verbündeten sowie die
gewissenhafte Einhaltung der Verträge. Bezeichnend für
seine Einstellung sind auch die strengen Maßnahmen, die
er bei Übergriffen der Soldateska ergreift. Trotz allen oft
so sinnlosen Opfern, welche die Kriege fordern, war er
darauf bedacht, Plünderungen, Raubzüge oder andere
Gewaltakte gegenüber der Bevölkerung zu vermeiden. So
ist bekannt, daß er wiederholt die Todesstrafe androhte für
alle, die sich an Frauen vergehen würden. Diese ritterliche
Einstellung ist wohl nicht zuletzt auch auf den Lebensstil
zurückzuführen, zu dem sich der Orden vom Goldenen
Vlies bekannte: »Noblesse oblige«: Adel verpflichtet.

Wir erfuhren bereits, daß der Herzog die eheliche Treue
sehr ernst nahm, wahrlich eine große Seltenheit in dieser
Zeit lockerer Moral. Auch die fast tägliche andächtige
Teilnahme am Meßopfer bestärkte ihn wohl darin, sein
Leben nach christlichen Grundsätzen auszurichten. Er
hatte so große Ehrfurcht vor Gott, daß er seinen heiligen
Namen niemals zu einem Fluch oder Schwur mißbrauchte.

Daß der Herzog überaus gebildet war, wurde bereits
betont. Er beherrschte mehrere Sprachen und konnte die
klassischen Autoren im Originaltext lesen. Die schönen
Künste förderte er, um das Ansehen Burgunds zu mehren,
nach Kräften. Besonders pflegte er die Musik; unter anderem komponierte er Motetten und Volkslieder. Bemerkenswert ist ferner seine rednerische Begabung, die er in
manch heikler Situation in die Waagschale werfen konnte.

Karl hätte sich ein bequemes Leben leisten können. Doch
war er von einem fanatischen Arbeitseifer beseelt. Fast
pausenlos war er unterwegs, meist mit dem ganzen Aufwand des Regierungsapparates und des Hofstaates. So
wurde ihm neben vielen anderen Beinamen (téméraire
verwegen, hardi kühn oder belliqueux kriegerisch) wohl
zurecht auch das Attribut »le travaillant« (der Unermüdliche) zugesprochen.

Die Charakteristik weist demnach überwiegend positive
Züge auf, und man fragt sich, wo nun die schwachen
Seiten zu suchen sind, die letzthin zu seinem Sturz führten. Eine der Hauptschwächen war wohl sein übersteiger-
ter Ehrgeiz, dem die geschmeidige Anpassungsfähigkeit

fehlte. Ein Zurück- oder Ausweichen gab es für ihn nicht. Aber auch die Kunst des Wartens auf den rechten Augenblick war ihm – im Unterschied zu seinem Vater und seinem Gegenspieler Ludwig XI. – nicht gegeben. Er beharrte auf seinem Starrsinn. Seiner ausgeprägten moralischen Strenge entsprach die unbeugsame Härte gegenüber sich selbst und anderen. Unzweifelhaft hat seine oft starre und voreilige Kriegführung viele Menschenleben zu verantworten, und nicht wenige Chronisten gehen deswegen streng mit ihm ins Gericht. Doch selbst sie sprechen dem Herzog Redlichkeit und Noblesse nicht ab.

Bei der Trauerfeier in Nancy wurde der so wenig erhebende Abgesang des Heldenepos nach Kräften aufpoliert. Dafür sorgte Herzog René von Lothringen, wohl darauf bedacht, seinem großen Gegner und einstigen Verbündeten die gebührende Ehre zu erweisen. Von einer prunkvollen Beisetzung à la Bourgogne konnte jedoch nicht die Rede sei. Immerhin hatte man den Toten so vorteilhaft wie möglich aufgebahrt in dem Bestreben, die klaffende Schädeldecke und andere entstellende Züge zu überdecken. In langen Reihen defilierte nun die Bevölkerung von Nancy an dem Toten vorbei, in dem noch vor Tagen das Herz Burgunds geschlagen hatte. Niemand wollte sich dieses Erlebnis entgehen lassen, den einst so mächtigen Feldherrn und Staatsmann nun in seiner Ohnmacht zu sehen: Sic transit gloria mundi! »Les uns pryoient Dieu pour luy, les aultres non, parce que moult des mals avoit faict au pays« (Die einen baten Gott für ihn, die anderen nicht, weil er dem Land soviel Leid zugefügt hatte).

Am 12. Januar 1477 wurde dann die sterbliche Hülle des Herzogs feierlich beigesetzt. Vier lothringische Grafen trugen den Leichnam zur Kirche St. Georges, wo der Sarg in einer Gruft vor dem Sebastiansaltar versank. Daß die Gattin des Herzogs und die Erbprinzessin Maria an dem Begräbnis nicht teilnehmen konnten, ergab sich zwangsläufig. Jahrzehnte später aber sollten Vater und Tochter, die sich im Leben so selten begegnet waren, im Tode wieder vereint sein. Kaiser Karl V. ließ nämlich 1553 die Gebeine seines Urgroßvaters in die Liebfrauenkirche zu Brügge überführen, wo sie neben seiner Tochter Maria beigesetzt wurden.

Die schwere Bürde des Erbes

An dieser Stelle erscheint es nun angebracht, eine erste Charakteristik Marias mit möglichem Bezug auf das elterliche Erbteil zu versuchen.

Mut und Entschlossenheit, gewiß ein väterliches Vermächtnis, mußte sie zumal in den kommenden Monaten entschieden unter Beweis stellen. Ja sie setzte, um es vorwegzunehmen, sogar ihr Leben aufs Spiel, als sie im März 1477, ganz auf sich gestellt, für ihre todgeweihten Ratgeber eintrat. Bei anderer Gelegenheit verwandte sie sich in Mons – gleichfalls nicht ohne Risiko – für 40 gefangene italienische Soldaten, eine Geste, die umso nobler war, als es sich um Abteilungen eines Condottiere handelte, der nicht ohne Grund beschuldigt wurde, in der Schlacht von Nancy ihren Vater verraten zu haben. Bei beiden Anlässen gingen, wenn man so sagen darf, der Mut des Vaters mit der Großmut der Mutter Hand in Hand. Auch gegenüber ihren zahlreichen Bewerbern behauptete sie trotz aller Abhängigkeit eine durchaus entschiedene Haltung, so daß ihr der Bischof von Metz, welcher der kaiserlichen Delegation angehörte, »menlichen und kecken Mut« bescheinigte.

Überhaupt dürfen wir sagen, daß Maria nahezu alle guten Eigenschaften ihrer Eltern in sich vereinigte: die Anmut der Mutter, den Mut des Vaters sowie beider Sinn für Ritterlichkeit und Anstand, gepaart mit echter Frömmigkeit, die mehr war als eine nur zeitgemäße Pflichtübung. Insgesamt bot sie eine glückliche Mischung von weiblichem Charme und männlicher Entschlossenheit.

Frohgemut bewährte sie sich auch in den ritterlichen Künsten, soweit für Damen schicklich. Als forsche Reiterin hatte sie gelernt, Hindernissen nicht aus dem Wege zu gehen.

Tatsächlich bot der Parcours, der nach dem Tode des Vaters zu meistern war, Tücken aller Art. Denn mit den Schätzen Burgunds hatte Maria auch die Händel und Fehden des Landes geerbt und dazu den aufsässigen Geist seiner selbstbewußten Bürger, die auf ihre Privilegien pochten. Die raffiniertesten Hindernisse aber sollte seiner »geliebten Cousine Marie« Patenonkel Ludwig in den Weg stellen. Niemand hatte den Tod Karls mit größerer Genugtuung aufgenommen. Für ihn konnte der Zusammenbruch des Reiches Burgund nur noch eine Frage der Zeit sein, denn wie sollte ein kaum großjähriges Mädchen ein solches Erbe behaupten können?! Hatte doch selbst ein so unerbittlicher Mann wie Karl der Kühne kaum vermocht, die so verschiedenartigen Teile dieses Staatsgebildes zusammenzufassen. Für Ludwig aber hieß es nun, rasch zu handeln, um sich den großen Kuchen portionsweise einzuverleiben.

Mit dem Stammland Burgund und der Hauptstadt Dijon riß er seinem Patenkind eines der schönsten Kleinodien aus der Krone, mit der Begründung, für dieses ehemalige Lehen gelte nur die männliche Erbfolge. Im übrigen machte er geltend, daß Marie seine Patentochter sei und es ihm entsprechend gebühre, Gebieter ihrer Staaten zu werden. Gleichzeitig ließ er allenthalben ausposaunen, keine Lösung sei jetzt natürlicher und dem Frieden dienlicher als ein Ehevertrag zwischen der Prinzessin und seinem Sohn. Doch um jeder Eventualität gewachsen zu sein, ließ er zunächst einmal seine Truppen in die südlichen Provinzen Burgunds einrücken, zumal dort der geringste Widerstand zu erwarten war. Die Niederlande aber konnte er vorerst sich selbst überlassen, wußte er doch, daß dort die Zeichen ohnehin auf Sturm standen.

Maria hatte ihren Vater vor dessen Tod monatelang nicht gesehen, zum letztenmal am 10. Juli 1475, als er, von Neuss kommend, in Gent kurz Station machte, um in Calais König Eduard IV. zu treffen. Karl wird seiner Tochter bei dieser letzten Begegnung nicht vorenthalten haben, daß er mit dem Kaiser hinsichtlich des Eheversprechens endgültig überein gekommen sei. Im übrigen ermächtigte er seine inzwischen 18jährige Tochter, sich mehr und mehr in die Staatsgeschäfte einweisen zu lassen, um den mannigfachen Tücken des Erbes Burgund zu gegebener Zeit nicht völlig unerfahren begegnen zu können. Wichtig war wohl auch, daß Margarete von York ihren Gatten damals nach Calais begleitete. Sie wohnte den Verhandlungen mit ihrem Bruder bei und war so in der Lage, der Prinzessin wichtige Hinweise für die von Karl und ihrem Bruder verfolgte Politik und die gegebenenfalls zu treffenden Maßnahmen zu geben.

Nachdem der Tod des Herzogs zur Gewißheit geworden war, fand am 25. Januar 1477 in Gent ein feierlicher Trauergottesdienst statt, bei dem das Defizit des Aufwandes ausgeglichen wurde, auf den man in Nancy hatte verzichten müssen. Gewiß, man erwies die pflichtschuldige Reverenz; dennoch konnte Maria das Murren der Genter nicht überhören, denen dieser Pomp zuwider war, da er einem Manne galt, den sie zwar respektiert, aber niemals geschätzt hatten. Für sie ist der Tod des Herzogs durchaus kein nationales Unglück, vielmehr ein Anlaß, den Regierungswechsel nach Kräften zu ihren Gunsten auszuwerten, steht ihnen doch das heimische Rathaus näher als die Utopie eines Einheitsstaates Burgund. So wird Nancy für sie zum Signal der Befreiung.

Maria hatte diese Krisenstimmung erwartet. Sie kannte die Genter lange genug, hatte sie doch schon vor zehn Jahren mit ihrem Vater eben hier im Brennpunkt des Aufruhrs gestanden. Im übrigen hatte sie fast ihr ganzes Leben in dieser Stadt zugebracht. Gewiß, sie war allenthalben beliebt. Doch was besagte dies schon, solange sie als reizende Eislauf-Prinzessin oder Jagdreiterin entzücken konnte und niemandem weh tat. Nun aber war sie nicht mehr die ohnmächtige Mademoiselle de Bourgogne, die nicht einmal bei der Wahl ihrer Freier ein Mitspracherecht hatte. Würde man ihr auch als Regentin die Treue halten?

Maria hatte gelernt, realistisch zu denken und den Tatsachen ins Auge zu sehen. Sie hatte also in Rechnung zu stellen, daß der Tod ihres Vaters, dessen ständige Feldzüge seinen Untertanen erhebliche Opfer abverlangt hatten, fast überall mit einem Gefühl der Erleichterung aufgenommen worden war. Zwar gab es keine öffentlichen Freudenkundgebungen, doch gefährlicher war der sich insgeheim formierende Widerstand. Umso erstaunlicher blieb, daß die Nachfolge Marias als Regentin nicht ernsthaft in Frage gestellt wurde. Das hing wohl weitgehend mit der Sympathie gegenüber ihrer hartgeprüften Jugend und ihrem Liebreiz zusammen. Wiesflecker spricht sogar von einer »mystischen, fast religiösen Verehrung«. (29) Andererseits aber sprach wohl auch die Erwartung mit, daß die Herzogin keinen harten Kurs steuern würde. Allzuviele Rechte würde man ihr bei aller Zuneigung ohnehin nicht belassen. Aber man legte offenbar Wert darauf, sie sozusagen als Wappenzier und Band eines einheitlichen Burgund zu bewahren.

Nach dem Schock, den ihr der frühe Tod des Vaters versetzen mußte, hatte die Herzogin sich überraschend schnell gefaßt. Sie erkannte sehr bald, daß sie einen Dreifrontenkrieg werde führen müssen: gegen die Anmaßung König Ludwigs, gegen den Eigensinn der Niederlande und gegen den Versuch, ihr einen mißliebigen Freier aufzunötigen. Ihr Vater hatte die finanziellen Mittel weitgehend erschöpft – von der Existenz einer schlagkräftigen Armee ganz zu schweigen. Zudem wurden die ihr belassenen Berater mißgünstig beobachtet, da sie überwiegend dem burgundischen Hausadel angehörten und man bei ihnen nur wenig Verständnis für die Eigenbrötelei der Stände voraussetzen durfte. Also war sie weitgehend auf sich selbst gestellt: die reichste Erbin Europas – und doch hilflos umlauert von gefräßigen Wölfen und Raben, ähnlich wie ihr Vater nach dem Tode auf der Walstatt. Gab es in dieser verzweifelten Lage noch einen anderen Ausweg als Flucht in die Resignation? Für wen auch immer – nicht aber für eine Tochter Karls des Kühnen! Und nicht für eine Reiterin, für welche die Überwindung von Hindernissen zum Jagdvergnügen gehört!

Und so geht sie an die Hürden heran – mit Schneid und Einfühlung zugleich. Mehr denn je werden nun ihr Mut, nicht minder aber ihre jugendliche Frische vonnöten sein, um mit diplomatischem Geschick das Reich Burgund vor dem völligen Zerfall zu bewahren. Wie eine zwanzigjährige Prinzessin auf nahezu verlorenem Posten dieses Meisterstück vollbrachte, ist in der Tat denkwürdig.

Die Stammlande Burgund mit der Hauptstadt Dijon sind ihr besonders teuer, da dort ihre Vorfahren beigesetzt sind. Doch was blieb ihr ohne Heeresmacht und angesichts der drohenden Gefahren in Flandern und Brabant anderes übrig, als den Einmarsch französischer Truppen zunächst nur mit Protesten zu beantworten. Gegenüber ihren Untertanen dort läßt sie allerdings keinen Zweifel, daß sie

sich als ihr Souverän betrachtet und entsprechende Rük-
kendeckung erwartet. Auch wenn sie gezwungen würden,
nach außen hin anders zu handeln, so sollten sie dennoch
in ihren Herzen den Glauben an Burgund wachhalten!

Übrigens könnte sie gar nicht wagen, Gent zu verlassen,
ist sie doch mehr denn je die Schutzbefohlene dieser Stadt.
So wird sie vermehrt abgeschirmt gegenüber allen Versuchen, sie über den Heiratsmarkt oder die Diplomatie zu
beeinflussen oder unter Druck zu setzen. Die vertrauten
Ratgeber will man ihr zunächst belassen, vor arglistigen
Ausbeutern aber, gegenüber denen ihre Jugend und man-
gelnde Erfahrung machtlos gewesen wäre, mußte sie
geschützt werden. So wird verfügt, daß zu den Privatge-
mächern der Herzogin niemand ohne ausdrückliche
Zustimmung zugelassen ist. Auch in dienstlichem Auftrag
dürfen Sekretäre zwecks Unterschrift und anderer wichtiger Angelegenheiten nur im Beisein des Kammerherrn van
Gruuthuse vorgelassen werden. So ist ihre Handlungsfreiheit hinter den Mauern von Ten Walle erheblich eingeengt, für sie um so härter, als ihr die von allen Seiten
drohenden Gefahren nicht verborgen bleiben und sozusagen auf den Nägeln brennen.

Nachdem Maria zunächst nur schriftlich gegen die Inva-
sion in burgundische Lande Verwahrung eingelegt hatte,
entsandte sie bald darauf ihren Kanzler Hugonet zum
König, um ein weiteres militärisches Vorgehen aufzuhal-
ten und die Bedingungen für einen Ausgleich der Interessen zu ermitteln. Der König ließ jedoch nicht mit sich
verhandeln, es sei denn, man gehe auf sein Heiratsprojekt
ein. Tatsächlich sahen in den Niederlanden einflußreiche
Kreise einen Ehebund Burgund – Frankreich als durchaus
erstrebenswert an. Marias Herz aber war seit langem in
Wien engagiert. Davon abgesehen, dieser Dauphin war
mit seinen sieben Jahren noch ein unreifer Junge, der, wie
sich später noch deutlicher zeigen sollte, sowohl körperlich
wie geistig unterentwickelt war. Auf sein Mannesalter
hätte sie jedenfalls noch lange warten müssen. Kennzeich-
nend für die Stimmung am Hofe war die deutliche Reaktion der Dame van Halewyn, die geradeaus erklärte: Was
Madame und das ganze Land brauche, sei nicht ein Kind,
sondern ein Mann; Kinder kämen dann von selbst!

Gewiß, Marie hätte sich in ihrer gegenwärtig so heiklen Situation durch einen Ehekontrakt mit Frankreich gewiß manchen Kummer ersparen können. Doch was hätte sie dem politischen Kalkül opfern müssen: nichts weniger als ihr Herzensglück, zudem aber alle Werte und Traditionen, die für sie das Wort Burgund umschloß. Denn die Eingliederung unter das Lilienbanner hätte das Erbe ihrer Väter zur Zweitrangigkeit verurteilt.

Bei den fast aussichtslosen Verhandlungen mit König Ludwig wollte nun Marias Abgesandter Hugonet wenigstens einen Zeitgewinn erzielen. Er schloß deshalb spätere Gespräche über eine eventuelle Heirat nicht aus und erkaufte damit einen Waffenstillstand, den sich der König allerdings nur gegen Freigabe der Stadt Arras abringen ließ. Burgundischer Statthalter dort war Seigneur d'Esquerdes, Ritter des Ordens vom Goldenen Vlies und einst ein getreuer Gefolgsherr Karls des Kühnen. Ausgerechnet er aber schwenkte, als er von diesem Tauschgeschäft erfuhr, allzu bereitwillig ins französische Lager über, damit kraß gegen den Eid verstoßend, den er als Ordensritter geleistet hatte. Ob er sich nicht mehr gebunden fühlte, seitdem sein Ordensmeister verstorben war und seine Tochter die Regentschaft angetreten hatte? Jedenfalls ein weiteres Beispiel für die zwar oft beschworene, aber ebensooft verratene Ritterlichkeit gegenüber der Dame.

Inzwischen hatten sich die meisten Gebiete des südlichen Burgund, insbesondere die Kernlande sowie die Picardie, kampflos den französischen Invasionstruppen ergeben. Um nun wenigstens in ihrer nächsten Umgebung eine Explosion zu vermeiden, fand sich die Herzogin gegenüber der Stadt Gent zu Zugeständnissen bereit, welche über die von ihrem Vater zugebilligten hinausgingen. Demnach traten alle Verpflichtungen, die den Gentern mit Vertrag von 1457 auferlegt worden waren, außer Kraft. Das bedeutete: weitgehende Selbstverwaltung.

Wenige Tage später, noch im Januar 1477, kamen dann die Generalstaaten (Etats Généraux) zusammen. Sie waren von ihrem Großvater eingerichtet worden, um die Gesamtheit des Landes für gemeinsame Belange zu interessieren. Sie besaßen zwar keine gesetzgeberischen Befugnisse, sahen sich jedoch als Kontrollorgan mit Vetorecht an. Demnach sollten sie einerseits dem Partikularismus entgegenwirken, andererseits verfügten sie über gewisse demokratische Rechte. Es zeugt vom Mut und der Einsicht der Herzogin, daß sie in richtiger Einschätzung der Lage von sich aus die Initiative zu dieser Einberufung ergreift. Sie will die »demokratischen« Organe des Landes nicht übergehen und bringt damit zum Ausdruck, daß sie auf das Mitspracherecht dieser Versammlung Wert legt. Zudem hofft sie durch die Bestätigung der Generalstaaten den engen Horizont städtischer Eigenbrötelei zu weiten.

Mit Karl dem Kühnen hatten die Generalstaaten, wie wir an anderer Stelle hörten, oft in Fehde gelegen, indem sie Hilfsgelder, ja sogar die Entsendung der eigenen Tochter verweigerten. Dennoch war Maria zuversichtlich, daß sie nun auch mit diesen Herrschaften zu einem Übereinkommen gelangen würde, umsomehr, als diese sie ausdrücklich als Nachfolgerin der Herzöge anerkannt und damit auch die Einheit der Niederlande bekräftigt hatten. Maria mochte wohl ahnen, daß für dieses Zugeständnis ein Preis gefordert würde. Doch war, angesichts der gespannten Lage im Süden, jetzt entscheidend, wenigstens die sogenannten niederen Lande beruhigt zu wissen.

Sie selbst ist bei der Eröffnungssitzung zugegen und ergreift auch das Wort. Sie läßt keinen Zweifel daran, daß sie als Erbin ihres Vaters nunmehr rechtmäßige Regentin sei. Sie verweist dann auf die Übergriffe des französischen Königs, die dadurch entstandene Lage, und gibt auch Kenntnis von der Botschaft, die sie an Ludwig gerichtet hat. Doch kaum war ihre Antrittsrede, die man vielleicht mit einer »Regierungserklärung« vergleichen kann, verklungen, als sich der aufgestaute Unwille und die Unruhe, die allenthalben spürbar war, Luft verschafften. Die Ständevertreter sahen sich nämlich nicht nur als Sprachrohr der Beschwerden aus den eigenen Reihen an, sondern auch als Auffangbecken für die Mißstimmung aus vielerlei Kanälen. Denn allenthalben in den Niederlanden gärte und brodelte es. Nicht zuletzt benutzten die Zünfte dieses Podium, um auf größeren Freiheiten für ihre Mitglieder und dem Eigenleben ihrer Städte zu bestehen.

Insgesamt kam Maria den mannigfachen Forderungen, die meist finanzieller Natur waren, durch Steuernachlaß und zusätzliche Privilegien entgegen. So verzichtete sie auf die jährliche Hilfe von 500000 Talern, welche die Generalstaaten Karl dem Kühnen 1473 für die Dauer von fünf Jahren zur Unterhaltung eines stehenden Heeres zugesichert hatten. Insbesondere durch diesen Schritt nahm sie der Opposition viel Wind aus den Segeln. Doch insgesamt waren die Erwartungen nur teilweise erfüllt worden.

Die Ständevertreter stellten deshalb einen Katalog ihrer Forderungen zusammen, der in dem sogenannten »Grand Privilège« vom 11. Februar 1477 seinen Niederschlag fand. Maria unterzeichnete den Vertrag im St. Jorishof (Cour St. Georges), der als ältestes Hotel-Restaurant Europas noch heute eine besondere Sehenswürdigkeit Gents darstellt. Mit diesem »Großen Privileg« wurde dem Einheitsstaat Burgund praktisch der Todesstoß versetzt, denn alle Kompetenzen, die bisher wenigstens teilweise zentral gesteuert worden waren, sollten fortan den einzelnen Provinzen zukommen. Entsprechend wurden die Rechte des Regenten eingeengt. So war ihm zum Beispiel untersagt, ohne vorherige Zustimmung seiner Länder Krieg zu führen. Auch wurden seine Einkünfte beschnitten sowie das Recht der Benennung von Beamten usw. eingeschränkt. Andererseits legte man offenbar Wert darauf, den Partikularismus nicht zu weit zu treiben, in der richtigen Erkenntnis, daß auch die Provinzen in ihrem Bestand gefährdet waren, wenn der Reichsgedanke völlig aufgegeben wurde. So verlieh man der Herzogin und damit auch dem Einheitsstaat Burgund Anerkennung, indem man sie in den Rang einer »princesse générale« versetzte: quasi als Präsidentin eines Bundes unabhängiger Länder – etwa vergleichbar der Rolle der britischen Königin als Oberhaupt des Commonwealth of Nations.

Was Flandern anbelangt, so beschließt man, die traditionelle Einführung und Huldigung eines Grafen von Flandern (Comte de Flandres) beizubehalten. Entsprechend wird Maria am 16. Februar als »Comtesse de Flandres« vereidigt. Damit verbunden ist der feierliche Einzug in die Stadt Gent. Nach altem Brauch verbringt sie den Vorabend in einem Landhaus außerhalb der Stadt. Am folgenden Morgen wird sie dann an einem der Stadttore vom Magistrat sowie den Bruderschaften und Zünften empfangen. Sie weiß nicht recht, wie sie den Beifall der Menge werten soll. Gilt er vorbehaltlos ihr, der Gräfin von Flandern, oder ist er lediglich die Reaktion auf die neuen Freiheiten, welche die Stadt dank ihren Zugeständnissen gewonnen hat. Insbesondere die Zünfte treten nun sehr selbstbewußt auf – stolz ihre Waffen präsentierend. Unwillkürlich kommen damit die dramatischen Stunden in Erinnerung, die Maria mit ihrem Vater vor zehn Jahren hier durchzustehen hatte.

Gewiß, Gent hat zu Ehren ihrer charmanten Comtesse an diesem Wintertag ein farbenprächtiges Kleid angelegt. Aber all dies kann nicht darüber hinwegtäuschen, daß das Spalier der Begeisterten durchsetzt ist mit fragwürdigen Gestalten, von denen man nicht weiß, wie schnell sie sich vom Hosiannah auf die Tonart Crucifige umstimmen lassen. Noch vor einem Jahr war sie als harmlose Prinzessin jedermanns Liebling. Nun aber reitet sie mit Autorität in die Manege: als Gräfin von Flandern. Dennoch fällt es ihr schwer, sich inmitten des schillernden Farbenmeeres in den Mittelpunkt zu rücken, da die schlichte Trauerkleidung, angelegt zu Ehren ihres Vaters, ihr die Leuchtkraft versagt.

Sie begibt sich nun zur Kirche St. Jean (heute St. Bavo), wo man ihr den Eid, den sie als Gräfin von Flandern schwört, vorliest:

»Sie schwören, eine gute Gräfin von Flandern zu sein, die Rechte der Kirche zu wahren; die Privilegien, Freiheiten, Bräuche und Rechte des Landes zu achten...; Sie schwören außerdem, alle den Bürgern von Gent seit 1450 auferlegten Lasten zu annullieren, die Witwen und Waisen zu schützen und alles zu tun, was eine gute Gräfin von Flandern zu tun gehalten ist. Dazu verhelfe Ihnen Gott und alle Heiligen.«

»Je le jure!« – Ich schwöre es.

Darauf, so will es der Ritus, soll der neue Regent zwei- oder dreimal die Glocke von St. Jean läuten, um Flandern zu künden, daß die Grafschaft nun ihm untersteht. Für die Gräfin hatte man eine dekorative Variante erdacht, indem ihr ein weißgekleidetes Mädchen anstelle des Glockenstrangs eine Girlande aus Rosen reichte, um damit das

Geläute in Gang zu setzen. Maria zog die Girlande, worauf sich die Glocke fünfmal zaghaft vernehmen ließ. Die Legende erzählt, die Umstehenden hätten daraus den Schluß gezogen, der Gräfin würden nur fünf Regierungsjahre beschieden sein.

Bei einer weiteren Zeremonie nahm dann Marie den Eid der flandrischen Staatsräte entgegen, und zwar stand sie auf dem gleichen Balkon, von dem aus zehn Jahre zuvor der Tribun Hoste Bruneel das Wort ergriffen hatte – anläßlich der nicht eben freundlichen Einführung ihres Vaters. Die althergebrachte Eidesformel lautete:

»Wir schwören unserem hier anwesenden rechtmäßigen Herrn, dem Graf von Flandern, sein Eigentum und die Grenzen des Landes Flandern zu verteidigen und alles zu tun, was gute Untertanen ihrem Herrn schuldig sind.«

Es ist uns nicht bekannt, inwieweit dieser auf die Herzöge Philipp und Karl zurückgehende Wortlaut im Hinblick auf Maria und die mit ihr getroffenen Vereinbarungen modifiziert wurde.

Die Herzogin konnte nun aufatmen, denn mit dieser Inthronisation hatte sie das erste Hindernis des ihr auferlegten Parcours genommen, zwar nicht mit Bravour, doch ohne den Sturz, den jeder andere Nachfolger Karls des Kühnen wahrscheinlich hätte hinnehmen müssen. Gewiß, zahlreiche Zugeständnisse waren ihr abgetrotzt worden, doch letzthin war es wohl der Respekt vor ihrer aus Mut und Anmut so sympathisch angelegten Persönlichkeit, welcher ihr zumindest in Flandern den Introitus gesichert hatte.

Dieses Entree erhält im Rückspiegel des 19. Jahrhunderts (wir zitieren hier den flämischen Archivar Delepierre) sogar ausgesprochene Leuchtkraft: Nach der stürmischen Herrschaft Karls des Kühnen ist der Regierungsantritt der Maria von Burgund wie die Rückkehr eines schönen Frühlings nach einem gestrengen Winter. Alles belebt sich wieder, die alten Freiheiten erheben sich, und neuer Wohlstand leuchtet für den Handel auf; Künste und Wissenschaften finden wieder Mäzene... (6)

Die Bewältigung des ersten Hindernisses hatte der Selbstsicherheit der Gräfin Auftrieb gegeben, und so konnte sie, durch diese Erfahrung bereichert, die nächsten

Hürden unbeschwerter anreiten. Diesmal waren die Provinzen Holland und Seeland zu nehmen. Dies gelang ohne Schwierigkeiten, da sich Huldigung und Eid nach dem Modell Gent vollzogen, das heißt auch hier war das Treueversprechen gebunden an weitgehende Zugeständnisse im Sinne der Selbstverwaltung.

Das relativ günstige Abschneiden der Gräfin nach Überwindung der ersten Barrieren konnte sie zwar ermutigen, ließ jedoch wie bei einem Querfeldein-Rennen völlig offen, welche Tücken das Gelände noch in den Weg stellen würde. Tatsächlich sollte sie abermals durch ihren Patenonkel Ludwig in einen gefährlichen Hinterhalt geraten. Dieser unterließ jedenfalls nichts, um die Bevölkerung insgeheim gegen die Herzogin aufzuwiegeln. Einer der Agenten war ein Exilflame, der am Hofe des Königs die damals übliche Doppelfunktion eines Barbiers und Chirurgen versah. Er erdreistete sich, die Herzogin in geheimer Mission unter vier Augen sprechen zu wollen. Man sagte ihm, das sei nicht üblich, ganz abgesehen davon, daß die Herzogin eine junge, unverheiratete Frau sei. Da er jedoch unnachgiebig blieb, wurde ihm bedeutet, er möge die Stadt, wenn ihm sein Leben lieb sei, so schnell wie möglich verlassen. »Glaubt der König etwa, ich sei krank, daß er mir seinen Chirurgen schickt?« soll die Herzogin, teils erbost, teils scherzhaft geäußert haben.

Überhaupt zeigt sich Maria in dieser schwierigen Übergangszeit durchaus nicht ängstlich oder unentschlossen. Selbst angesichts der immer noch drohenden Revolution ist von Abdankung nicht die Rede. Am 28. März begibt sie sich dann, nur von einigen Beratern begleitet, zu einer folgenschweren Verhandlung. Bewaffneten Schutz kennt sie nicht; doch die neuen Stadträte von Gent sowie die Zunftmeister umgeben sie wie mit einem Schutzmantel. Man ist zusammengekommen, um die Forderungen des französischen Königs anzuhören als Antwort auf die Botschaft der Herzogin. Wir hatten gehört, daß diese auch den Kanzler Hugonet entsandt hatte. Unabhängig davon hatte aber auch eine Abordnung der Generalstaaten Verhandlungen mit dem König aufgenommen. Und nun entzündet einer dieser Genter Abgesandten das Pulverfaß durch die Erklärung, ihre Mission bei dem französischen König sei hintertrieben worden durch einen geheimen Brief, wonach die Herzogin entschlossen sei, ihren eigenen Weg zu gehen, also unabhängig vom Willen oder Rat der Ständevertretung. Veranlaßt sei der Brief durch Ratgeber der Herzogin, insbesondere Kanzler Hugonet und Graf d'Humbercourt. Es ensteht ein Tumult, und noch am selben Abend werden die Verdächtigten festgenommen.

Für die Herzogin ist die Lage höchst brisant. Wir kennen den tatsächlichen Inhalt des geheimen Briefes nicht, den sie an den französischen König gerichtet hatte. Angeblich soll sie darin, unter Ausschluß der Generalstaaten, als ihre alleinberechtigten Stellvertreter bzw. Unterhändler neben der Herzoginmutter Margarete von York und dem General-Statthalter der Niederlande Adolf von Kleve, ihren Kanzler Hugonet und Graf Humbercourt bezeichnet haben.

Wie immer auch die Formulierung lauten mochte, für Ludwig war die seinen Interessen passende Interpretation die nächstliegende. Also erklärte er den Unterhändlern der flandrischen Ständevertretung in einer für sie aufreizenden Weise: Da die Herzogin Euch als legale Vertreter offenbar gar nicht anerkennt, können Verhandlungen nur auf höherer Ebene sinnvoll sein. Auf diese Weise gelang es ihm, einen Keil zwischen die Generalstaaten und den burgundischen Beraterstab der Herzogin zu treiben.

Verständlich jedenfalls, daß die Ständevertreter aufgebracht waren. Sie sahen sich von den Vertrauten der Herzogin in übler Weise hintergangen. Im übrigen vertraten sie die Überzeugung, der französische König sei durchaus gutwillig. Erneut wurde nun die Forderung laut, eine Ehe Marias mit dem Dauphin zu befürworten. Doch auch in dieser für Maria überaus heiklen Situation erwies sich, daß man die Immunität der Herzogin nicht anzutasten wünschte. Doch wie lange noch würde sie sakrosankt bleiben? Diesmal aber mußten ihre Berater, auf die man ohnehin schon seit langem mit Argwohn geschaut hatte, den Kopf hinhalten.

Die Prozeßakten sind verloren gegangen. Doch wissen wir, daß den Beschuldigten nicht zuletzt Mißachtung der den Gentern zugestandenen Privilegien vorgeworfen wurde. Eine weniger zuverlässige Chronik will sogar wissen, der Kanzler Hugonet habe Maria überredet, während einer Jagdpartie in der Umgebung von Gent heimlich mit ihm zu fliehen, um sich unter den Schutz Ludwigs zu stellen. Vermutungen dieser oder ähnlicher Art erscheinen aber durchaus unglaubhaft, da Maria es schon deshalb ablehnen mußte, sich in die Abhängigkeit des Königs zu begeben, weil dann die ihr höchst widerliche Verbindung mit dem schwächlichen Dauphin unvermeidbar geworden wäre.

Jedenfalls durchsteht die Herzogin jetzt bange Tage. Ludwigs Armee rückt näher. Entsprechende Gerüchte und Ängste heizen die gereizte Stimmung in der Stadt noch weiter an, und nachts untermalt der Fackelschein aufgebrachter Gruppen den schwelenden Brand. Unter dem Druck der Extremisten unterzeichnet nun Maria eine Verfügung, wonach eine Kommission einzusetzen ist, welche über Hugonet und Humbercourt befinden soll. Was die Prozeßordnung anbelangt, so wurde zu Gunsten von Humbercourt geltend gemacht, er sei Ordensritter des Goldenen Vlieses und deshalb ausschließlich dem Ordenskapitel verantwortlich. Demgegenüber argumentierte man, mit dem Tode des Ordensmeisters, nämlich Karls des Kühnen, sei die Kompetenz des Kapitels in der Schwebe.

Es kommt zum Verhör der Angeklagten, und man befindet sie für schuldig. Die Herzogin ist bestürzt und von Schmerz überwältigt, als sie das Todesurteil vernimmt. Sie kann und will nicht zulassen, daß diese Männer, die ihr und ihrem Vater als kluge Berater treu gedient haben, dem Schafott überantwortet werden. Mit unbändiger Entschlossenheit wirft sie sich deshalb in die Speichen des drohendes Geschicks. In ihrer Trauerkleidung, mit aufgelöstem Haar und einem einfachen Kopftuch, läuft sie, laut schluchzend, aus dem Schloß und rennt durch die ebenso überraschte wie aufgebrachte Menge zum Rathaus, wo das Gericht tagt. Atemlos stürzt sie in den Sitzungssaal. Leider können wir uns die dann folgende Szene nicht ausmalen – Einzelheiten sind nicht überliefert. Man darf jedoch annehmen, daß die Gräfin, ihre Erregung mühsam meisternd, auch diesmal ihren gewinnenden Charme einsetzt, im übrigen aber auf ihr Begnadigungsrecht verweist. Jedenfalls erreicht sie, daß die Hinrichtung zunächst aufgeschoben wird. Auch hat man ihr wohl bedeutet, sie möge sich direkt an die vor dem Rathaus versammelte Menge wenden.

Wieder bahnt sie sich einen Weg durch die dichtgedrängten Reihen, um auf eben dem Balkon zu erscheinen, von wo sie einige Wochen zuvor den Treueid Flanderns entgegengenommen hatte. Auch diesmal ist der Platz voller Menschen, drohend gespickt mit Piken und Hellebarden. Tausende von Augen in erregten Gesichtern wenden sich nun der jugendlichen Erscheinung der kaum 20jährigen Herzogin zu. Ist sie es wirklich? Ihre einst so anmutige Prinzessin, die sie im Reitkostüm oder als Eisläuferin bezauberte!? Nun aber steht sie ihnen, während sie erregt ihr Kopftuch in fiebrig zitternden Händen windet, in ihrer schlichten Menschlichkeit und Bedrängnis eher noch näher. Stille tritt ein, bestimmt von einem Gefühl der Ehrerbietung, das selbst über Widerspruch und Aufruhr die Oberhand gewinnt. Ob Maria auch das Redetalent ihres Vaters geerbt hat, als sie nun in bewegenden Worten das Volk um Gnade für ihre beiden verdienten Staatsdiener bittet? Tatsächlich gelingt es ihr, die Mehrzahl der Versammlung für sich einzunehmen. Dennoch, die Meinungen sind geteilt, und einzelne Gruppen gehen sogar mit Piken auf einander los; andere rufen unüberhörbar nach dem Henker!

Abermals hat sie wenigstens Aufschub erreicht, denn Volkstribunen und Magistrat beraten nun erneut über die Antwort, die der Herzogin zu erteilen ist. Nach geraumer Zeit begibt sich sodann eine Delegation zur Residenz Ten Walle, um Maria zu erklären, daß sie, die Schöffen, durch Eid verpflichtet seien, Gerechtigkeit walten zu lassen gegenüber reich und arm. Man könne keine Ausnahme machen, nachdem Hugonet und Humbercourt schuldig befunden worden seien.

In tiefer Niedergeschlagenheit versinkt Maria im Gebet. Den Verurteilten aber blieb nur noch wenig Zeit, um sich auf den Tod vorzubereiten. Sie werden einzeln zum Schafot geführt, das auf dem Marktplatz aufgerichtet ist. Für Humbercourt, Ritter des Ordens vom Goldenen Vlies, ist das Gerüst schwarz ausgeschlagen. Er kann sich kaum aufrecht halten. Man bringt ihm deshalb einen Lehnstuhl.

Dann wird ihm die Ordenskette zum Zeichen der Degradierung abgenommen. Der Kanzler Hugonet aber schrieb in einem bewegenden Brief christlicher Ergebung an seine Frau: »Ich werde heute sterben müssen, um, wie man sagt, dem Volke Genüge zu tun.« In ähnlicher Weise hatte sich ein Zunftmeister geäußert: Ob zu Recht verurteilt oder nicht – wir haben keine andere Wahl, da das Volk es so will. Tatsächlich hatte Hugonet als Vertreter einer straffen zentralen Administration mit den Ständen seit langem auf Kriegsfuß gestanden, und man hatte offenbar nicht vergessen, daß er bei einer Versammlung noch zu Lebzeiten Karls ausgerufen hatte: »Man wird es euch Dickköpfen noch geben!«

Am Tage nach der Hinrichtung, einem Karfreitag, suchten dann Abgesandte des Volkes von Gent die Herzogin auf, um noch einmal das Geschehen der letzten Tage, den bewaffneten Aufmarsch sowie die Hinrichtung, zu rechtfertigen. Zwischen den Zeilen aber klang das schlechte Gewissen sowie die Bitte um eine versöhnliche Geste der Herzogin. Und wieder erwies sich die fürstliche Großmut, indem sie in Erinnerung an das Leiden Christi und im Hinblick auf die vielen rechtschaffenen Bürger der Stadt Gent die Kränkungen, die man ihr und ihrem Stand zugefügt hatte, verzieh. Maria wußte sehr wohl, daß ein Teil der Bevölkerung auch sie hatte treffen wollen.

Dennoch hatte sie erneut an Sympathie gewonnen. Vor allem bewunderte man, daß dieses junge Mädchen den Mut aufgebracht hatte, sich völlig ungeschützt einer aufgebrachten Menge zu stellen, um sich zu Gunsten eines Falles zu verwenden, in den sie selbst verwickelt war. Und man hatte gespürt, daß es ihr dabei fernlag, sich theatralisch in Szene zu setzen. Vielmehr handelte sie offensichtlich in einem Akt der Entäußerung und Hingabe, die bestimmt war von ihrem ausgeprägten Sinn für Gerechtigkeit, Treue und Mitleid.

G. H. Dumont (11) würdigt Marias mutigen Einsatz wie folgt:

»Par ce geste sublime, Marie de Bourgogne affirme sa grandeur d'âme, sa générosité et aussi son courage d'affronter seule une populace irritée et chauvine.« Durch diesen großartigen Einsatz bestätigt Maria von Burgund ihre Seelengröße, ihre Hochherzigkeit und auch ihren Mut, da sie allein einer aufgebrachten und fanatischen Bevölkerung die Stirn bietet.

Der Brand des Aufruhrs von Gent griff schnell auch auf andere Städte über. Das Volk verlangte nach Exekutionen: Hängt »les Bourguignons«! Damit waren alle gemeint, die dem Hof von Burgund ergebener waren als den kommunalen Belangen. Wortführer waren fast immer die Handwerker, die Taglöhner und die Zünfte.

Man wagt zwar nicht, an Karls Witwe, Margarete von York, Hand anzulegen, da Repressalien seitens ihres Bruders, des Königs von England, zu erwarten wären. Sie wird jedoch aus Gent ausgewiesen: abermals eine Zerreißprobe sowohl für sie wie für die Herzogin. Ein bewegendes Adieu trennt die beiden so eng miteinander verbundenen Frauen. Margarete soll bei diesem Abschied den für ihre Treue bezeichnenden Satz gesprochen haben: »Ich bin zwar meiner Herkunft nach eine Fremde; mein Herz und meine Berufung aber sind in Flandern zu Hause.«

Mit Margarete wird der schwer bedrängten jungen Herzogin ein weiterer Halt genommen. Auch Adolf von Kleve, Generalstatthalter der Niederlande, wird von ihr getrennt. Ja man nimmt ihr selbst das vertraute Dienstpersonal, um es durch Gehilfen zu ersetzen, die im Sold der Zünfte stehen. Sie lebt nun fast wie in Schutzhaft, ständig überwacht und belauscht. Selbst ihre Korrespondenz unterliegt der Zensur. Einzig ihre alte Gouvernante, Frau van Halewyn, kann bei ihr bleiben. Und sie ist in der Tat goldwert, da sie es auf sich nimmt, geheime Botschaften zu vermitteln, und zwar insbesondere zwischen der Herzogin und ihrer Mutter Margarete, die sich zunächst auf ihren Landsitz zurückgezogen hat, um später nach Mecheln überzusiedeln.

Auftrieb – wenn auch nicht ungetrübt – gibt ihr ein mehrtägiger Besuch in Brügge, den die Genter Machthaber huldvoll gewähren, um der Herzogin Gelegenheit zu geben, die der Stadt am 13. März verliehenen Privilegien feierlich zu bestätigen und dem Interregnum voller Wirren und Gefahren ein Ende zu bereiten. Doch auch hier ist Maria ihres Lebens nicht sicher. Es gärt allenthalben, und ihre feierliche Vereidigung in der Kirche St. Donat muß wegen tumultartiger Ausschreitungen unterbrochen werden. Im weiteren Verlauf des »Staatsbesuches« kommt es jedoch zu versöhnlichen Gesten, nicht zuletzt durch die Bemühungen des Herrn van Gruuthuse (aus der Hauskapelle seiner Residenz schaut man heute auf das Grabmal der Herzogin). Er vermittelt eine versöhnliche Aussprache mit den Zunftmeistern.

Nachdem die Herzogin sich auch hier inmitten bewaffneter Gruppen mutig der Bevölkerung gestellt hatte, gelobte sie am 17. April im Rathaus, daß sie die neue Charta und die alten Privilegien beachten werde. Sie verfügte eine Amnestie als weiterer Schritt zur Beruhigung der Gemüter. So klang der Tag friedlich aus, und alle Glocken läuteten, um die Wiederherstellung der Ordnung zu künden.

Auch für Maria zeigten sich nun Silberstreifen – wenn auch weniger am heimischen Horizont als in Blickrichtung Wien. In den drangvollen Monaten, die sie so tapfer und mit klugem Geschick bewältigte, bestärkte sie nämlich nicht zuletzt die Hoffnung, daß ihr aus dem »Morgenland« bald ein edler Ritter zu Hilfe kommen würde. Dazu ausersehen aber war in ihren Augen einzig Erzherzog Maximilian von Österreich. Obwohl sie ihn nie gesehen, hing sie ihm schon jetzt mit Leib und Seele an. Hatte nicht schon ihr Vater nach der Begegnung in Trier den Prinzen in warmen Farben geschildert, und war nicht auch das Porträt, das er ihr geschickt hatte, überaus gewinnend? Nicht zuletzt war es die nach langem Tauziehen erzielte Übereinkunft der beiderseitigen Väter, welche sie von der Berechtigung ihres Sehnens, das Politik und Herzenswunsch glücklich verband, überzeugte. Im übrigen durfte sie nach den vorausgegangenen Erklärungen Maximilian durchaus als ihren Verlobten ansehen.

Doch auch diesem Abschnitt ihres Parcours stellten sich zahlreiche Hindernisse entgegen. Wir hörten bereits, daß König Ludwig nach wie vor seinen »Buben« als Trumpf im Kampf um das Erbe Burgund in der Hand hielt, insbesondere gegenüber den Generalstaaten, die zeitweise einer solchen Lösung des Gesamtkonfliktes nicht abgeneigt waren.

Als weniger diplomatisch, da plump aufdringlich, erwies

sich der Herzog von Kleve, der für seinen Sohn Johann um
die Hand der Herzogin anhielt. Um dessen Sache noch
nachdrücklicher verfechten zu können, hatte er sich bereits
unmittelbar nach dem Tode Karls des Kühnen in Ten
Walle eingenistet. Gewiß, das Herzogtum Kleve bot sich
zur territorialen Abrundung der östlichen Flanke des Reiches vorteilhaft an. Doch militärisch war der Herzog von
Kleve eine unbedeutende Größe. Sein Sohn aber hatte
außer seiner stattlichen Erscheinung keine Vorzüge aufzu-
weisen. Er war wenig intelligent und stand moralisch in
keinem guten Ruf. Er war am Hofe von Burgund erzogen
worden, und Maria war deshalb sehr wohl vertraut mit den
Schwächen ihres Vetters. So war sie, wie ein Chronist
berichtet, ihm durchaus nicht zugetan; im Gegenteil sie
verachtete ihn. Auf die zudringlichen Bemühungen seines
Vaters soll sie in der für sie typischen Art reagiert haben:
»Vielleicht hätte ich den Herzog Johann geheiratet, wenn
mein Vater, der Herzog von Burgund, ihn mir als Gatten
präsentiert hätte – doch nun, da ich meine eigene Herrin
bin, sehe ich keinen Grund mehr, mir solcherlei Gewalt
anzutun.« Eine unzweideutige Sprache, doch offenbar
noch nicht deutlich genug, um den Hoffnungen und Drohungen des Herzogs den Garaus zu machen. Als ihm dann
schließlich die bevorstehende Heirat mit Maximilian zu
Ohren kam, soll er seiner Nichte eine üble Szene bereitet
haben.

Hier sei angemerkt, daß unsere Fürstin eine Vorgänge-
rin gleichen Namens hatte, nämlich »Maria von Burgund,
Herzogin von Kleve« (30). Als zweite Tochter des Herzogs
Johann ohne Furcht von Burgund war sie 1406 dem Herzog Adolf von Kleve angetraut worden. Einer ihrer Söhne
war Johann (1419–1481), der für seinen eben erwähnten
gleichnamigen Junior (1458–1521) Maria bedrängte.

Sympathischer und diskreter erschien die Kandidatur des
Philipp von Kleve, eines Sohnes des Herrn von Ravenstein
(1425–1492). Dieser war der jüngere Bruder des Herzogs
Johann von Kleve. Er spielte eine bedeutende Rolle in der
Regierung des Staates Burgund. Seine Treue zu Maria
brachte ihm, wie wir bereits hörten, seine Verbannung aus
Gent ein. Sein Sohn Philipp war ebenso wie Johann von
Kleve mit der Prinzessin aufgewachsen. Im Gegensatz zu

seinem Vetter war er eine aufrechte und ritterliche Erscheinung, die auf Marie nicht ohne Eindruck geblieben war. Doch er war ein Prinz ohne Land und ohne Macht, nicht mehr als ein Kostgänger des Hauses Burgund. In der Situation, in der sich das Land befand, hätte er seiner Cousine zweifellos nicht die moralische und materielle Hilfe bieten können, deren sie jetzt so dringend bedurfte. Im übrigen, hätten die Genter zugelassen, daß die Herzogin einen Mann heiratete, dessen Vater sie soeben hinausgejagt hatten?

Lange im Gespräch war ferner der Herzog von Clarence, der Bruder Eduards IV. von England. Verständlich, daß insbesondere Margarete von York diese Verbindung für ihre Stieftochter anstrebte. Für sie war der Bestand Burgunds ohne ein Bündnis mit England nicht denkbar. Obwohl sie, wie wir hörten, von Maria getrennt worden war und abseits in ihrem Witwensitz Mecheln lebte, verfolgte sie dennoch konsequent ihren Heiratsplan. Man vertrat andererseits jedoch die Meinung, man solle den französischen König durch eine solche Verbindung nicht unnötig herausfordern. England sei als Bundesgenosse Burgunds ohnehin sicher. Im übrigen wußte Margarete sehr wohl, daß Marias Herz in Wien weilte, und so stimmte sie schließlich bereitwillig dem Herzenswunsch ihrer »lieben Tochter« zu.

Es wäre seltsam zugegangen, hätten nicht auch die treibenden Kräfte von Gent ihren Kandidaten zu diesem Heiratskarussell beigesteuert. Der Mann ihrer Wahl war Herzog Adolf von Geldern. Er war bei einem Familienstreit brutal gegen seinen Vater vorgegangen und dann von Karl dem Kühnen in Courtrai festgesetzt worden. Seine abenteuerliche Laufbahn, die Flucht, Bestechung und Aufwiegelung einschloß, verlieh ihm in den Augen der Revolutionäre heroische Züge. Dazu kam der Glanz seiner imposanten Statur. Besonders bewunderte man die Pracht seiner über die Schultern wallenden Haare: weich wie Seide, blond und leuchtend wie Gold aus Zypern (»doulx comme soie, blonds et luisans comme or de Cipre«). So fragwürdig im übrigen sein Charakter war, seine Tapferkeit konnte niemand bestreiten. Eine Bande aufsässiger Genter befreite ihn aus der Haft in Courtrai, und man wollte ihm das Kommando über die Bürgermiliz übertragen. Außerdem versprachen die Befreier ihm, sie würden die Generalstaaten unter Druck setzen, um die Heirat mit der Herzogin zu erzwingen. Doch Marie konnte aufatmen, da ihr die Ehe mit diesem »monstre«, der weder vor dem Feind noch vor jeglichem Verbrechen zurückwich, erspart blieb: Adolf von Geldern fiel in einem Gefecht vor Tournai.

Die Herzogin wußte sehr wohl, daß die Generalstaaten einer Heirat mit Maximilian nicht ohne weiteres zustimmen würden. Sie ritt deshalb geradewegs auf ihr Ziel zu, indem sie ein fait accompli schuf. Sie konnte sich dabei auf die Vereinbarungen zwischen dem Kaiser und ihrem Vater berufen. Sie durchstand damals gerade die so angst- und drangvollen Tage des Prozesses gegen ihre Minister und erkannte, daß die ersehnte Heirat für sie und Burgund tatsächlich die letzte Rettung war. Und so schrieb sie – sozusagen kurz vor zwölf – an ihren Bräutigam:

»Sie dürfen nicht daran zweifeln, daß es, was uns betrifft, meine feste Absicht ist, der Entscheidung meines Vaters zu folgen, und daß es mein Wille ist, Ihnen eine treue Gattin zu sein. Ich bin sicher, daß Sie mir gegenüber dieselben Gefühle hegen. Der Überbringer dieses Schreibens wird Ihnen sagen, wie man mich behandelt, und daß ich mich nicht frei äußern kann.

Möge Gott uns in guter Gesundheit erhalten und uns unseren Herzenswunsch gewähren. Ich bitte Sie inständig, nicht zu säumen, mir und meinen Ländern zu Hilfe zu eilen. Wenn Sie aber nicht kommen, so würde ich vielleicht zu Handlungen gezwungen sein, die gegen meinen Willen sind.«

Dieser Brief trug das Datum des 26. März, des Tages, da die Krise um Hugonet und Humbercourt sich dramatisch zugespitzt hatte. Erstaunlich, daß die Herzogin ihn angesichts ständiger Überwachung überhaupt zu schreiben vermochte. Noch denkwürdiger aber ist, daß er durch die Festungsmauern von Ten Walle schlüpfen und bis nach Wien gelangen konnte. Kurier des Schreibens war Johann Beyer, ein getreuer Diener Marias, der aus Luxemburg stammte. Er nahm es unter Lebensgefahr auf sich, diesen Notruf seiner Herrin ans Ziel zu bringen.

In Wien wurde der Inhalt des Schreibens entsprechend

verstanden. Maximilian gab insbesondere der Hinweis zu denken, Maria sei gegebenenfalls nicht mehr Herrin ihrer Entschlüsse. Demnach stand ihr Verlöbnis, das beide seit der Vereinbarung vom 6. Mai 1476 als bindend ansahen, auf dem Spiel. Am liebsten wäre er deshalb sofort aufgebrochen, um seiner bedrängten Prinzessin zu Hilfe zu eilen.

Der Kaiser in seiner bedächtigen Art aber glaubte das Ungestüm seines Sohnes dämpfen zu müssen. In dem Notruf aus Gent sah er zunächst einmal die Bestätigung seiner Politik des Hinhaltens und Abwartens. Denn nun konnte er das reiche burgundische Erbe in Habsburgs Scheuer einfahren, ohne ein Zugeständnis gemacht und einen einzigen Soldaten geopfert zu haben. Dennoch war auch dem Kaiser klar, daß er durch den alarmierenden Brief aus Gent nunmehr in Zugzwang geraten war. Eigentlich hätte er bereits unmittelbar nach dem Tode Karls des Kühnen, als das angestrebte Erbe eine Beute Ludwigs zu werden drohte, eingreifen müssen. Tatsächlich hatte er damals erwogen, seine Verbundenheit mit Burgund durch einen persönlichen Besuch zum Ausdruck zu bringen. Er mußte diese Absicht jedoch zurückstellen, da er die für ein repräsentatives Auftreten erforderlichen Mittel nicht aufbringen konnte. So begnügte er sich damit, die burgundischen Länder zur Treue gegenüber Maria als der rechtmäßigen Erbin und ihrem zukünftigen Gemahl aufzufordern. Ein militärisches Eingreifen in Abwehr der Übergriffe Ludwigs aber mußte er sich versagen.

Nun aber mußte gehandelt werden, zumal inzwischen ein weiterer Eilbrief eingegangen war, diesmal von der Herzogin-Mutter. Daß Maximilian sich unverzüglich auf den Weg machen müßte, unterlag keinem Zweifel. Ebenso klar war aber auch, daß er nicht wie ein Bettelprinz auftreten durfte, das heißt, er konnte nicht ohne ansehnliches Gefolge in die Niederlande aufbrechen. Ein entsprechendes Aufgebot aber würde geraume Zeit in Anspruch nehmen. Man fand einen Ausweg, indem man eine Abordnung beauftragte, die Ehe zunächst »per procurationem« zu beglaubigen.

Zu dieser kaiserlichen Gesandtschaft gehörten außer dem bewährten Protonotar Dr. Heßler Ludwig von Veldenz, Kanzler des Reiches und Herzog von Bayern, der Erzbischof von Trier sowie der Bischof von Metz. Insbesondere Dr. Heßler hatte sich seit Jahren um die Anbahnung der Ehe bemüht und würde deren Vollzug geradezu als Krönung seiner diplomatischen Laufbahn ansehen. Um keinen Zweifel an der dringlichen Bedeutung der Mission zu lassen, gaben der Delegation nicht weniger als 300 Panzerreiter das Geleit. Entsprechend ahnten die übrigen Freier, die sich immer noch im Rennen wähnten, was auf sie zukam.

Ein besonders plumpes Manöver leistete sich in diesem Zusammenhang der Herzog von Kleve. Er hatte eine Ordonnanz nach Brüssel entsandt mit dem Auftrag, der kaiserlichen Abordnung nahezulegen, auf die Weiterreise zu verzichten und zunächst weitere Anweisungen abzuwarten. Die Herren aus Wien wußten zunächst nicht, was sie von dieser Démarche eines namhaften Staatsrates halten sollten, wurden dann aber sehr bald durch eine geheime Botschaft der Herzogin-Mutter darüber aufgeklärt, daß Johann von Kleve sie im Interesse seiner Bewerbung in eine Falle locken möchte. Darauf setzten sie ihre Reise unverzüglich fort und trafen schon am nächsten Abend in Brügge ein.

Bei Fackelschein und von der Bevölkerung auffallend herzlich begrüßt, wurden sie von Ludwig van Gruuthuse und Philipp von Hornes empfangen und anschließend zum Prinsenhof geleitet. Nach Erledigung einiger diplomatischer Formalitäten wird die Gesandtschaft sodann von der Herzogin und ihrem Staatsrat in Audienz empfangen. Die Fürstin nimmt ihr Beglaubigungsschreiben entgegen und läßt sich, um der Form zu genügen, das Anliegen der Mission erläutern. Wie nicht anders zu erwarten, handelt es sich um den Abschluß der Heirat, die vor mehr als einem Jahr zwischen dem Kaiser und Karl dem Kühnen vereinbart wurde und, wie ausdrücklich betont wird, auch die Zustimmung der Braut erfahren hat. Als Beweis legen sie handgeschriebene Briefe der Herzogin vor sowie einen mit Diamant verzierten Ring. Maria erkennt dieses Schmuckstück sogleich; sie hatte es Maximilian als Verlobungsgeschenk gesandt. Sodann fragen die Botschafter sie, ob sie ihre Unterschrift anerkenne und gewillt sei, sich an ihre Erklärung zu halten. Spontan antwortet sie darauf: »Ja, mein Herr Vater hat die Ehe zwischen dem Sohn des Kaisers und mir gebilligt, und ich bin entschlossen, keinen anderen als diesen zum Mann zu nehmen.« Darauf entboten die Botschafter ihren respektvollen Dank, glücklich über den guten Ausgang der Mission und beeindruckt von der mit Charme bekundeten Entschiedenheit der Prinzessin.

Der Herzog von Kleve war natürlich empört. Insbesondere erregte ihn, daß Maria ihr Jawort ohne vorherige Aussprache mit dem Staatsrat gegeben hatte. Doch wer hätte nicht volles Verständnis für ihre resolute Entscheidung gehabt! Zu lange schon war ihr persönliches Glück Spielball politischen Gezänks gewesen. Zu lange schon hatte sie das widerwärtige Hofieren konkurrierender Bewerber hinnehmen müssen. Jetzt endlich wollte sie selbst entscheiden, und sie tat es umso entschiedener, als sie gewiß war, mit ihrer Wahl nicht nur dem eigenen Herzenswunsch zu entsprechen, sondern auch dem Wohl ihrer bedrängten Lande. Nicht zuletzt folgte sie dem ausdrücklichen Willen ihres Vaters.

Und so kann Heßler nach Wien berichten, daß Maria sich unter allen Bewerbern eindeutig für Maximilian entschieden habe (»den wolle sie haben und keinen andern auff dieser erde«). Auch im Volke sei eine deutliche Stimmung zu Gunsten des Erzherzogs erkennbar. Rufe wie »Es lebe der Kaiser!« und »Maximilian, Maximilian!« seien immer wieder an ihr Ohr gedrungen. Die französische Bevormundung sei vielen zuwider, und man erhoffe von Habsburg die Rückkehr zu gesicherten und geordneten Verhältnissen. Auch höheren Orts setze sich die Überzeugung durch, daß man den undurchsichtigen Ränken des französischen Königs nur durch die starke Hand einer auswärtigen Macht beikommen könne. Im übrigen seien die Niederlande ein Hort des Wohlstandes und aller schönen Künste. Dieses Wohlergehen sei aber nur dann gesichert, wenn der Kaiser bzw. Maximilian ohne Verzug durch ihr persönliches Eintreffen ihre feste Entschlossenheit bekundeten, dieses kostbare Erbe zu verteidigen. Das stattliche Geleit von 300 Panzerreitern habe Eindruck gemacht. Das Volk sehe in ihnen die Vorhut der Heeres-

macht, die der Kaiser entsenden würde, um die Niederlande vor weiteren Übergriffen zu schützen.

Am 21. April knapp vier Wochen, nachdem Maria ihren
Notruf per Geheimkurier auf den Weg gebracht hatte,
findet dann im Prinsenhof zu Brügge die Heirat »per
procurationem« statt. Und zwar vollzieht, stellvertretend
für den Bräutigam, Herzog Ludwig von Bayern symbolisch die Hochzeit. Sie ist wesentlich aufwendiger und
sinnträchtiger als die uns vertrauten Ferntrauungen. Im
Mittelpunkt der Szene steht nämlich das Brautbett. Der
Hof wird nun Zeuge, wie die beiden Partner das Bett
besteigen und sich nebeneinander legen, um die Ehe symbolisch zu vollziehen. Offenbar aus Gründen der Diskre-
tion verraten die Berichterstatter nicht (heute würde man
es umso ausführlicher tun), in welcher Robe und Haltung
die Herzogin diesem Staatsakt gerecht wurde. Immerhin
erfahren wir, daß der Herzog sich in silberner Rüstung
und mit entblößtem Knie neben die Braut legte. Allerdings
war zwischen beiden eine Grenzlinie gezogen in Gestalt
eines blanken Schwertes. Es sollte symbolisch Maximilians
Bereitschaft bekunden, sich ihrer Feinde zu erwehren, und
vier Bogenschützen wachten darüber, daß es nicht berührt
wurde.

Die Wichtigkeit dieses Staatsaktes und die damit verbun-
dene Augenweide veranlaßte dann die Genter, eine Wie-
derholung zu fordern, etwa in dem Sinne: Generalprobe in
Brügge, Première aber in Gent! Tatsächlich gelangten sie
am folgenden Tage auch ihrerseits in den Genuß dieses
außergewöhnlichen Schauspiels. Es vollzog sich im Cour
St. Georges, jenem denkwürdigen Haus, das seinen Gästen
und Feinschmeckern auch heute noch als erlesenes Hotel
dient.

Die Nachricht von der Heirat hatte eine erstaunliche,
einem Staatsstreich ähnliche Wirkung. Die revolutionären
Aufwiegler verstummten, und man schloß sich wieder
zusammen in der Erwartung, daß der Kaiser den Frieden
sowohl drinnen wie draußen sichern würde. Allenthalben
atmete man auf. In den großen Städten wurde die Ordnung zunehmend wiederhergestellt. Feindselige Kundge-
bungen richteten sich jetzt in erster Linie gegen den
französischen Eindringling. Für die Stimmung bezeich-

nend ist ein Lied, das damals gesungen wurde, betitelt »La dame de Gant«:

Ceste jone princhesse	Diese junge Prinzessin
Que Dieu veuille garder!	Gott möge sie behüten!
Tous coeurs de gentillesse	Alle Edelgesinnten
Se doivent préparer	sollen sich bereiten,
A servir la pucelle.	der jungen Frau zu dienen.

Angesichts dieser Stimmung sehen auch die niederländischen Stände keine Veranlassung, der habsburgischen Heirat ihre Zustimmung zu versagen. Übrig bleibt allein die Verärgerung einiger Fürstenhäuser, die das kostbare Heiratsgut zu gerne selbst vereinnahmt hätten.

Während sich nun das Eintreffen Maximilians in die Länge zieht, worüber noch zu berichten ist, muß Maria sich erneut des Drängens lästiger Konkurrenten erwehren, denn Hochzeiten »per procurationem« wurden damals durchaus nicht immer ernst genommen. Natürlich tritt auch der Herzog von Kleve wieder auf den Plan. Für ihn ist diese Ferntrauung nicht mehr als ein politischer Schachzug. Da nicht kirchlich vollzogen, hat sie für ihn keinerlei praktische Bedeutung. Auch der französische König, der mit dem politischen Ränkespiel bestens vertraut ist, betrachtet das Schauspiel von Brügge und Gent keineswegs als unwiderruflich. Nicht zuletzt fürchtet Maria den Herzog von Geldern, der sich in einflußreichen Kreisen neuerdings wachsender Gunst erfreut. Wenn sie doch ihren Angetrauten endlich in die Arme schließen könnte, denn jeder Tag ohne ihn bringt neue Bedrängnis.

Der französische König dachte also nicht daran, sich den Gegebenheiten des Vertrages von Brügge zu beugen. Im Gegenteil, er forcierte den Vormarsch, um einem eventuellen Einsatz kaiserlicher Truppen zuvorzukommen. Nachdem er sich die Stammlande Burgund und die Picardie angeeignet hatte, zielte er nun auf Luxemburg und Brabant. Überall, auch im Artois und Hennegau, waren seine Agenten am Werk, um Überläufer zu ködern, die ihm möglichst ohne Schwertstreich eine Stadt nach der anderen in die Hand spielen würden, so wie kürzlich in Arras geschehen. Was die Einstellung der Bevölkerung anbelangte, so hatte sich Ludwig allerdings weitgehend verrechnet. Selbst das harte Regiment Karls des Kühnen hatte der Beliebtheit seiner Tochter – auch in den oberen Landen – keinen Abbruch tun können. Diese Anhänglichkeit gegenüber der Erbtochter Burgunds aber förderte Ludwig geradezu durch seine rücksichtslose Politik der Plünderung, Brandschatzung oder anderer Maßnahmen, deren er sich zu bedienen pflegte, wenn List und Tücke nicht zum Ziel führten. Aufschlußreich ist in diesem Zusammenhang eine Adresse, die er nach der Einnahme der Stadt Quesnoy an die Bürger richtete:

»Meine Freunde, wenn ich in dieses Land komme, so dient das nur eurem Vorteil und dem Interesse des Fräuleins von Burgund, meiner vielgeliebten Cousine. Niemand ist ihr wohlgesonnener als ich, und sie ist schlecht beraten, wenn sie mir nicht vertraut.«

Und dann läßt er mit bissigen Worten die verschiedenen Freier Revue passieren: »Der Sohn des Herzogs von Kleve ist zu unbedeutend und schwächlich für eine so rühmliche (glorieuse) Prinzessin. Übrigens weiß ich, daß er ein bösartiges Geschwür am Bein hat; außerdem ist er wie alle Deutschen ein Trunkenbold: nach dem Gelage wird er sein Glas Bier auf ihrem Kopf zerschlagen!«. Die englischen Bewerber tut er mit einem Satz ab: »Allesamt Leute von schlechter Lebensart.« Und was den Sohn des Kaisers anbetrifft: »Er gehört einem Kaiserhaus an, dessen Prinzen die knauserigsten der Welt sind. Er wird das Fräulein von Burgund nach Deutschland nehmen, in ein rauhes, unwirtliches, in jeder Weise trostloses Land. Wenn meine Cousine gut beraten wäre, so würde sie den Dauphin heiraten. Das wäre auch sehr zum Vorteil eures Landes. Ihr Wallonen sprecht Französisch. Ihr braucht einen Prinzen aus Frankreich, und nicht einen Deutschen. Was mich anbetrifft, so schätze ich die Bewohner von Hainaut höher als alle Nationen der Welt. Nirgendwo gibt es edlere Menschen, und für mich ist ein Hirte des Hainaut mehr wert als ein Edelmann irgendeines anderen Landes.«

Des Kaisers Sohn und seine Ahnentafel

Angesichts der bevorstehenden Hochzeit erscheint es nun angebracht, auch den Bräutigam, seine Eltern sowie das Haus Habsburg eingehender vorzustellen.

Als im Jahre 1273 das Wahlkollegium der Kurfürsten in Frankfurt zusammentrat, um der »kaiserlosen, der schrecklichen Zeit« ein Ende zu machen, einigten sie sich auf die Wahl des Grafen Rudolf von Habsburg zum deutschen König (1273–1291). Dabei ließen sie sich in erster Linie von der Erwägung bestimmen, daß Rudolf als Provinzadliger von nur geringer Reputation nicht mächtig genug war, um ihren eigenen Interessen gefährlich werden zu können. Vor allem wünschten sie sich einen Herrscher, der die kostbarste aller Kronen nicht für erblich erklären würde.

Rudolf stammte aus dem Land der Eidgenossen, wo die »Habichtsburg« (daher der Name Habsburg) auf einem Felshang zwischen Aare und Reuß thronend, noch heute sichtbar ist. Auch im Schwarzwald und Elsaß hatte er Landbesitz, insgesamt für einen König aber nur eine bescheidene Hausmacht.

Niemand aber konnte damals ahnen, daß dieser Rudolf Ahnherr eines Herrscherhauses sein würde, das die Königs- bzw. Kaiserkrone des Heiligen Römischen Reiches Deutscher Nation bzw. Österreichs nahezu ohne Unterbrechung bis 1918 tragen würde. Es war das einzige übernationale weltliche Amt auf Erden, und jeder Fürst christlichen Glaubens konnte sein Anwärter sein. Wenn auch die Wahl unter den sieben einflußreichsten Fürsten Deutschlands ausgetragen wurde, so wirkten dennoch die Stimmen des Volkes und der Kirche entscheidend auf die Abstimmung ein. Jahrhundertelang lebten das Heilige Römische Reich und sein Kaiser in der Erinnerung der Völker als Inbegriff einer geeinten Welt, zusammengehalten in christlichem Frieden.

Was die zunächst bescheidene Hausmacht Rudolfs anbelangt, so wurde sie schon bald wesentlich erweitert durch seinen Sieg über Ottokar von Böhmen, der ihm Österreich, die Steiermark und Kärnten einbrachte. Diese Länder bildeten dann den Grundstock für die spätere Großmacht des Hauses Habsburg. Im übrigen werden Österreich und Habsburg seit dieser Zeit praktisch gleichgesetzt.

Nach dem Tode Albrechts, des Sohnes Rudolfs, entglitt die Krone den Händen der Habsburger für ein volles Jahrhundert. Ein Kaiser aus der rivalisierenden Familie der Luxemburger, Karl IV., erließ 1356 die Goldene Bulle, welche die Habsburger von der Zugehörigkeit zum Wahlkollegium ausschloß. Dennoch blieben sie hartnäckig »am Ball«, das heißt, dem symbolischen Weltglobus, so oft sich eine Chance bot, und schließlich wurde wieder einer der ihren, Friedrich III., Kaiser. Was seinem Ahnherrn Rudolf nicht gelungen war, nämlich in Rom gekrönt zu werden, Friedrich war es 1452 vergönnt. Ja, Maximilians Vater war der erste und einzige Habsburger, und zugleich auch der letzte deutsche König, der die Krone in Rom empfing.

Doch selbst diese hohe Würde konnte nicht darüber hinwegtäuschen, daß Friedrich III. weder begütert noch vom Glücke gesegnet war. Eine ganze Kette von Unglücksfällen hatte den Einfluß seiner Familie geschmälert. Er hatte drinnen und draußen Schwierigkeiten, er wurde zum Krieg gedrängt, mußte mit einem streitsüchtigen Bruder die Herrschaft teilen und war gezwungen, seinem draufgängerischen Nachbarn Matthias Corvinus, Ungarns »Krähenkönig«, immer mehr Raum zu geben. Zweimal hatten ihn die Einwohner der Stadt Wien in der Hofburg belagert, weil sie solchen Hunger litten, daß sie Hunde und Katzen, ja sogar die Aasgeier verspeisen mußten, die sich auf den Dächern der Residenz niederließen. Als er mit den Seinigen aus der Stadt flüchtete, mußte der Heiligste der Herrscher, der einzige Kaiser der westlichen Welt, erdulden, daß man ihn verspottete, auspfiff und die Gepäckwagen seiner Gemahlin plünderte.

Das südliche Temperament seiner jungen Frau Eleonora von Portugal wandelte sich in der Folgezeit immer mehr in eisige Verbitterung, worüber an anderer Stelle noch zu berichten ist. Auch blieb ihm nicht erspart, daß von seinen Kindern eines nach dem anderen dahinstarb. Nur der Knabe Maximilian und Schwester Kunigunde überlebten. Trotz allem Mißgeschick aber klammerte sich Friedrich an die Überzeugung von seiner dynastischen Mission, und er ersann einen sonderbaren Wahlspruch in der Vokalfolge A E I O U, der zu verschiedenen Deutungen anregte: Austria est imperare orbi universo – Alles Erdreich ist Österreich untertan – oder, um auch eine scherzhafte Version bei der k. und k.-Armee nicht auszulassen: Austrias Essen ist oft ungenießbar.

Am 11. November 1918 verabschiedete sich mit Kaiser Karl das traditionsreiche Haus Habsburg von der politischen Weltbühne. Doch sorgt sein ältester Sohn Otto als redegewandter Abgeordneter des Europäischen Parlaments in Straßburg dafür, daß der Name Habsburg im Gespräch bleibt. Auch als Buchautor hat er einen Namen, und so erscheint es reizvoll zu erfahren, wie er seinen berühmten Vorfahren Kaiser Friedrich III. charakterisiert:

»Die Kaiserkrone war von Albrecht II. an Friedrich von Steiermark gegangen, den die Kurfürsten für schwach und unfähig hielten. Doch Friedrich entpuppte sich als eine der interessantesten Gestalten in der langen Ahnenreihe seines Hauses, ja sogar unter allen Herrschern des ausklingenden Mittelalters. Die widersprechendsten Eigenschaften finden sich in seinem Charakter vereint: Unentschlossenheit bis zum Müßiggang, unzähmbare Energie und eine erstaunliche Zähigkeit bei der Verteidigung seiner Rechte. Trotz allen Zögerns, das seine Freunde zur Verzweiflung trieb, wußte der Kaiser sehr gut den richtigen Moment zu wählen: die Stunde, in der es zu handeln galt. In solchen Augenblicken überraschte er alle Welt durch seine schnelle Entscheidungskraft. War der Kampf unausweichlich, so bewies er großen Mut und unermüdliche Energie; plötzlich erschien er wie ausgewechselt. Doch kaum war der Sieg errungen, verfiel er wieder in Einsamkeit und Lethargie. Wo es ihm an sichtbaren Erfolgen im praktischen Leben fehlte, tröstete er sich mit seinem grenzenlosen Vertrauen in die göttliche Vorsehung, die – seiner Ansicht nach – das Haus Habsburg zur Weltherrschaft berufen hatte.

Er hatte tiefes Verständnis für die Künste und erwies sich, sooft es ihm möglich war, als großzügiger Mäzen. Er war gebildet, ja gelehrt. Er liebte gute Gesellschaft und wählte seine Gäste sorgfältig. Dann blieb er oft bis spät in die Nacht mit ihnen beisammen, diskutierte über wissenschaftliche Fragen oder politische Angelegenheiten. Bei solchen Gelegenheiten erwies er sich als blendender Redner.

Friedrich III. war zuweilen so arm, daß er nicht die Mittel aufbrachte, Hof zu halten. Er lebte als Gast auf den Schlössern seiner steirischen Vasallen und zahlte seine Schulden mit Wechseln auf eine ungewisse Zukunft.

Der Kaiser war von Natur mißtrauisch und verteidigte eifersüchtig den Rest an Macht, der ihm verblieben war. Dennoch besaß er in ungewöhnlichem Ausmaß ein tiefes Verständnis für das unvergleichliche Amt und die Autorität des Kaisers... Überall, wo der – für gewöhnlich so bescheidene – Kaiser sich in der Öffentlichkeit zeigte, trat er als Weltenkaiser auf, wie Dante ihn erträumt hatte.

Das machte ihn äußerst populär. Außerdem beherrschte er wie die meisten seiner Vorfahren die Kunst, mit den kleinen Leuten in ihrer Sprache zu reden. Noch als Greis ließ er bei einem Aufenthalt in Nürnberg die Kinder auf den Marktplatz einladen, verteilte Kuchen und Süßigkeiten an sie und plauderte lange mit ihnen.« (16)

Diese Charakteristik aus der Feder Otto von Habsburgs macht uns auch die so verschlungene, sich über viele Jahre hinziehende Heiratspolitik des Kaisers verständlicher. Friedrich war sich nämlich wohl bewußt, daß er diese hohe Würde für das Haus Habsburg und seinen Sohn auf lange Sicht nur dann sichern könne, wenn eine gewichtige Hausmacht dahinterstand. Tatsächlich ist das »Heilige Römische Reich Deutscher Nation« ein buntes Mosaik von größeren und kleineren Territorien weltlicher und kirchlicher Herrschaften, von Fürsten und Städten. Es gibt keine zentralen Einrichtungen, keine allgemeine Gesetzgebung, keinen Nationalgeist, wohl aber das geistige Band des gemeinsamen Glaubens und der christlichen Sendung.

Gewiß, auch Karls des Kühnen Reich war ein Mosaik, doch er konnte in diesem Reich nach Gutdünken bestimmen. Der Kaiser führt zwar einen hochgeachteten Titel, ein ihm zugehöriges Kaiserreich aber ist seit dem Ende der Stauferherrschaft ebenso illusorisch wie der Weltglobus, den er in der Hand hält. So sieht auch Friedrich, so sehr er von der hohen Würde seines Amtes durchdrungen ist, in dieser Erhöhung kaum mehr als ein Mittel, ja geradezu die Aufforderung, die Hausmacht, also den Familienbesitz, zu erweitern. Entsprechend ist auch der von beiden Seiten so beharrlich angestrebte Ehebund zwischen Maria und Maximilian einzuordnen.

Es ist anzunehmen, daß Maria von Burgund über den Kaiser und seine Eigenarten besser unterrichtet war als über ihren Bräutigam, konnte sich doch ihr Vater auf zahlreiche, oft tagelange Begegnungen mit Friedrich beziehen; den damals 14jährigen Maximilian dagegen hatte er nur flüchtig kennengelernt, wenn auch in durchaus positivem Sinn. Maria jedenfalls nahm dankbar jede Einzelheit auf, die ihr auf diesem oder jenem Wege über Erzherzog Maximilian zugetragen wurde. Wie glücklich wäre sie gewesen, hätte sie über die Informationsquellen verfügt, die uns heute offenstehen. Sie hätte möglicherweise der Hochzeit noch freudiger entgegengesehen, waren doch die Voraussetzungen für einen echten Liebesbund durch vielerlei Gemeinsamkeiten geradezu ideal. Versuchen wir also, mit dem Lebenslauf des jungen Erzherzogs eine Charakteristik zu verbinden:

Maximilian kam am 22. März des Jahres 1459 – Maria war damals zwei Jahre alt – in Wiener Neustadt zur Welt. Benannt wurde er nach einem bedeutenden Bischof der Steiermark, der im 3. Jahrhundert den Märtyrertod erlitten hatte und dem Kaiser als Helfer gegen die Türken im Traum erschienen war. Der Kreuzzug gegen die Eroberer von Konstantinopel (1453) war damals nicht nur in Burgund ein ernstes Anliegen.

Maximilians erste Lebensjahre waren von großer Unruhe erfüllt. Die Wiener fühlten sich vernachlässigt und ausgebeutet, belagerten die Burg und versperrten der kaiserlichen Familie schließlich die Stadttore. So lernte Maximilian schon früh Entbehrungen und Kriegsgeschrei kennen. Hätte sein Vater nur das Temperament der Mutter gehabt! Sie hatte manchen Aufruhr geschlichtet, indem sie sich mutig unter das Volk begab und dessen Nöte besprach. Doch sie fand keinen Gefallen mehr daran, immer wieder als Feuerwehr zu dienen. Als heitere Frohnatur aus Portugal hatte sie sich das Leben am Wiener Hof ohnehin ganz anders vorgestellt. In Burgund wäre ihr Sinn für zeremoniellen Aufwand und Festlichkeit zweifellos besser auf die Kosten gekommen. Wie Maria verstand sich auch Maximilian mit seiner Mutter bestens. Er war von ihrer Schönheit angetan und verehrte ihre warmherzige, wenn auch manchmal heftige Natur, in ritterlicher Manier, indem er auf kindliche Weise für sie als Dame seines Herzens Turniere ausfocht. Ähnlich wie Maria verlor auch Maximilian seine Mutter schon in jungen Jahren. Mit ihm trauerte seine Schwester Kunigunde, die fast gleichaltrig mit ihm aufgewachsen war.

Der Vater war nicht immer einverstanden gewesen mit der großzügigen Art, die Eleonore mit ihren Kindern gepflegt hatte. Vor allem schätzte er nicht ihren allzu freigiebigen Umgang mit Süßigkeiten. Nach dem Tode der Mutter wehte deshalb ein schärferer Wind. Im Ablauf des Tages trat die geistige Ausbildung fortan gleichrangig neben die körperliche Ertüchtigung. Maximilian hätte die Gewichte wie zuvor lieber anders verteilt gesehen, da ihn die oft trockene Wissenschaft weniger fesselte als Reiten und Jagen in freier Natur.

Natürlich mußte Maximilian Latein lernen, die Sprache der Wissenschaften, der Kirche und, wie sich später erweisen sollte, auch der Verliebten. Er selbst machte sich allerdings über sein nicht eben hoffähiges »Reiterlatein« gern lustig. Im übrigen war er durchaus sprachbegabt. Als Kaiser soll er später sieben Sprachen beherrscht haben: Latein, Deutsch, Flämisch, Französisch, Italienisch, Böhmisch und Ungarisch.

In diesem Zusammenhang sei erwähnt, daß der Humanist Enea Silvio Piccolomini zu den Vertrauten der Familie zählte. Er hatte als Sekretär Friedrichs die portugiesische Heirat vermittelt und war wohl auch, wie wir bereits hörten, der Anreger einer Verbindung Maximilian – Maria zu einer Zeit, als die beiden den Windeln kaum entwachsen waren. 1458 war er als Pius II. Papst geworden. Er hatte diese Benennung nach dem Vorbild des »Pius Aeneas« bei Vergil gewählt, mit dessen Heldentaten und frommer Gesinnung auch Maximilian wohl vertraut war. Nicht minder waren ihm der Sagenkreis um Jason und die Argonauten geläufig. In diesem Zusammenhang kamen natürlich Burgund und der dort begründete Orden vom

Goldenen Vlies ins Gespräch: »Ja, dieser Herzog Philipp –
seine Leistung in Ehren – aber er sollte etwas bescheidener
auftreten, betreibt er doch einen Aufwand, der eher dem
Kaiser zukommt – und dabei kann er sich nicht einmal
König nennen.«

Ab und zu schnüffelte Maximilian gern in der zwar
spärlichen, dennoch aber anregenden Bibliothek seines
Vaters. Die meisten dieser Bücher waren, wie damals
üblich, in lateinischer Sprache abgefaßt, so auch Kaiser
Friedrichs II. weit verbreitete Jagdanweisung für den Falkner »De arte venandi cum avibus«. Wir erfuhren bereits,
daß sich auch Maria mit diesem Buch und seiner Anwen-
dung befaßte. Im übrigen gehörten die Sagen des klassischen Altertums, Heiligenlegenden, Turniervorschriften
sowie die Genealogien berühmter Fürstenhäuser zum
Grundbestand einer herrschaftlichen Bibliothek. Die
jüngst erfundene Kunst des Buchdrucks trug viel dazu bei,
den Gesichtskreis Wißbegieriger immer mehr zu erweitern.

Die Burg in Wiener Neustadt war zweifellos von viel
bescheidenerem Zuschnitt als die Residenzen, die Maximilian später in Flandern und Brabant erleben sollte. Immerhin – und das war die Hauptsache – Pferde, Hunde und
Vögel gehörten auch hier zum Inventar, und ringsum gab
es Fischteiche sowie ausgedehnte Jagdreviere. Natürlich
zählte ebenso wie in Burgund die Jagd mit dem Falken zu
den früh geübten ritterlichen Künsten.

Da der junge Prinz ein aufgeweckter und stattlicher
Junge war, nahm der Vater ihn gern als Begleiter auf
seinen Reisen mit. Er pflegte ihn dann aus dynastischen
Gründen als »Erzherzog von Österreich« vorzustellen.
Dieser bisher nicht vergebene Titel sollte die Ankündigung
einschließen: Dieser ist der zukünftige König des Heiligen
Römischen Reiches. Schon als 12jähriger erlebte er den
Reichstag in Regensburg und verfolgte mit wachen Sinnen
die Verhandlungen zwischen den Kurfürsten und den
Reichsständen. Zwei Jahre später begleitete er den Kaiser
nach Trier. Wir erwähnten bereits, daß er dort begeisterter
Zeuge der von Karl dem Kühnen inszenierten Galaschau
wurde. Er hatte wohl von seiner Mutter die Freude am
höfischen Gepränge und bunten Aufzügen geerbt. Damals

in Trier wirkte er bereits wie ein 18jähriger, schlank und rank, kraftvoll und muskulös, mit wallendem blondem Haar und munter blitzenden blauen Augen in dem markanten Gesicht mit der Adlernase, das uns Dürer später so anschaulich bewahrt hat. Dieses Porträt läßt zugleich erkennen, daß die für Habsburg typische vorgezogene Unterlippe bei Maximilian ausgeprägter war als bei seinem Vater.

Im Gegensatz zu diesem war Maximilian überaus kontaktfreudig und wie seine Mutter auch darauf bedacht, an den Nöten und Sorgen des kleinen Mannes Anteil zu nehmen. Wie in Flandern waren nämlich die Empfänge in den Städten durchaus nicht immer auf Wohlklang und Harmonie gestimmt. Während jedoch Marie vornehmlich mit weiblichem Charme die Wogen zu glätten vermochte, gewann Maximilian durch Kraftakte und spassige Einfälle die Gunst des Volkes. So übte er sich in Ulm an den Zinnen und Simsen des Münsters wie an einer Steilwand im Hochgebirge. In München dagegen machte er von sich reden, als er wie selbstverständlich einen Löwenkäfig betrat, um dem Herrscher der Wüste mit einem kräftigen Ruck das Maul zu öffnen. Diese bärenstarken Kräfte dürfte er von seiner Großmutter väterlicherseits, einer russischen Prinzessin, geerbt haben, von der man sagt, sie habe Nägel mit der blanken Faust eingeschlagen. Schon früh bewies er auch im Turnierkampf seine Gewandtheit und Stärke, indem er manchen erfahrenen Ritter vom Streitroß stieß und so in die Schranken verwies.

Das Volk nennt ihn den »letzten Ritter«. Dennoch zeigt er sich allen Neuerungen und Verbesserungen aufgeschlossen, nicht zuletzt im militärischen Bereich. So verfolgt er mit wachen Augen den Werdeprozeß moderner Geschütze. Gleichzeitig aber hängt sein Herz mit Wehmut an der versinkenden Welt des Rittertums. So sehr er durch seine athletische Erscheinung und seine sportlichen Leistungen, die etwa mit denen eines modernen Fünfkämpfers vergleichbar sind, beeindruckt, nicht minder schätzt man sein ungezwungen heiteres Wesen, seine sonnige Liebenswürdigkeit. In jungenhafter Weise treibt er mit anderen seinen Spaß, läßt sich aber auch selbst gern verulken. Er ist ein ausgezeichneter Tänzer, der sich zumal bei Volkstänzen gerne einreiht. Gegenüber Frauen zeigt er jene ehrerbietige Haltung, welche für den alten Ritterstand bestimmend war. Wiesflecker bemerkt in diesem Zusammenhang:

»Waffenhandwerk, Jagd und Bewegung sollten den jungen Mann nach dem ernsten Sinn des Vaters allen unlauteren Vergnügungen, höfischer Verweichlichung und allzu frühem Liebesmißbrauch fernhalten. Die vollendete Beherrschung von Geist und Körper, das tägliche Kräftemessen mit Altersgenossen, der wechselnde Erfolg in Waffenspiel und Jagd gaben ihm jenes Selbstbewußtsein und jene mâze, deren er bedurfte, um die Verlockungen der Kraft und der Gewalt durch die Gesetze der Ritterlichkeit zu bändigen...

Zunächst ist es die ›Dame‹, das Symbol alles Großen und Idealen schlechthin, deretwegen der jugendliche Ehrgeiz selbst im Turnier das Äußerste wagte; der ›Dame‹ wird andererseits jene züchtige Verehrung dargebracht, deren sich der Kaiser in später Rückerinnerung noch rühmte.«

Maximilian weiß den Anblick hübscher Mädchen zu schätzen. Besonders gern hält er sich in Augsburg auf, da dort, wie er meint, die Frauen schöner sind als anderswo. Eine wohl engere Beziehung unterhält er zu dem aparten Hoffräulein seiner Schwester Kunigunde: Rosina von Kraig. Von ihr wird später noch die Rede sein.

Ritter Maximilians abenteuerliche
Brautfahrt von Wien nach Gent

Während nun die junge Herzogin ihren Ritter, der sie aus Herzensnot und vielfacher Bedrohung erretten wird, ungeduldig erwartet, muß Maximilian, wie es sich für einen Märchenprinzen gehört, zuvor viele Prüfungen bestehen. Seine Sehnsucht, Marie sobald wie möglich in die Arme zu schließen, kann keinem Zweifel unterliegen, denn von allen Seiten wird ihm bestätigt: Ihm winkt eine Dame als Preis, die Schönheit, Klugheit und Reichtum in sich vereint. Dazu werden ihr Charme, ihr Mut und ihre Frömmigkeit gerühmt. Welcher Ritter würde für eine solche Frau nicht den höchsten Einsatz wagen!

Gewiß, Maria ist ihm bereits zugesprochen, doch wird immer deutlicher, daß dieses burgundische Unternehmen mit vielen Unwägbarkeiten belastet ist. Schon der weite Weg zu ihr von Wien nach Gent ist mit Schlaglöchern aller Art gespickt, mit Wegelagerern, die ihm diese Brautfahrt gründlich verleiden möchten. Doch mit ihnen würde Ritter Max, der das Abenteuer liebt, schon fertigwerden. Wohin aber führt dieses Abenteuer letzten Endes? Gut und schön, in Gent erwartet ihn eine zärtlich liebende junge Frau, so recht verlockend zum Kosen, Reiten und Jagen. Doch neben ihr erkennt er die sich kraftvoll aus dem Grabe reckende Gestalt Karls des Kühnen, der mit unerbittlicher Gebärde spricht: Ritter Maximilian, verweile nicht bei tändelndem Liebesspiel – das Haus Burgund erwartet, daß Du das Erbe unverzüglich verteidigst!

König Ludwig hat sich über ihn und das knauserige Haus Habsburg bereits lustig gemacht. Will er ihn und all die anderen Neider Lügen strafen, so kann er nicht im Lederwams wie ein Bettelprinz in Gent einreiten. Vielmehr ist er sich mit seinem Vater darin einig, daß der offiziellen Vermählung mit der begehrtesten Erbin Europas auch machtpolitisch entsprechendes Gewicht zu verleihen ist. Trier war ihm eine Lehre. Wer Burgund imponieren will, darf nicht bescheiden sein. Alle Welt aber weiß, daß das Haus Habsburg verarmt ist und mit jedem Heller zu rechnen hat. So bleibt nur übrig, im Reich zu kollektieren, um das Gepränge eines eindrucksvollen Hochzeitszuges finanzieren zu können. Im übrigen geht es darum, Hilfstruppen zu verpflichten, deren Maria ebenso dringend bedarf wie der Anwesenheit des neuen Landesherren.

Der Kaiser selbst ist nach Kräften bemüht, alte Steuerschulden oder sonstige Außenstände einzutreiben – natürlich zum Mißfallen der Landstände. Auch nutzt er, so sehr es ihm grundsätzlich widerstrebt, seine guten Beziehungen zum Bankhaus Fugger, um Darlehen aufzunehmen. Ja er verpfändet sogar Schlösser und sonstigen Privatbesitz, um die Mittel für eine repräsentative Ausstattung des Hochzeitszuges zusammenzukratzen.

Ein weiteres Hindernis steht dem baldigen Aufbruch Maximilians ernsthaft im Wege: die Tatsache nämlich, daß neben König Ludwig von Frankreich auch Matthias Corvinus, der König von Ungarn, nichts unterläßt, um die burgundische Heirat zu vereiteln. Einerseits sucht er die deutschen Fürsten gegen die Machterweiterung des Hauses Habsburg auf diplomatischem Weg mobil zu machen, andererseits greift er auch militärisch ein, indem er durch Grenzverletzungen den Kaiser herausfordert. So muß Maximilian zunächst gegen ungarische Übergriffe zu Felde ziehen.

All diese Tücken machen erklärlich, daß der Erzherzog erst am 21. Mai (Marias Hilferuf datierte vom 26. März) von Wien aufbrechen konnte, um sich über Graz, Salzburg und Frankfurt zunächst nach Köln zu begeben. Die Ausstattung ist anfangs noch bescheiden, doch man hofft, daß im Laufe der Reise aus dem Bettelzug immer mehr ein eindrucksvoller Hochzeitszug wird. Um den Bräutigam nicht ungebührlich als Bittsteller zu strapazieren, hatte der Kaiser für den Verlauf der Reise im voraus Boten zu den Fürsten und Städten des Reiches entsandt, die Beihilfen zur Verstärkung des nahenden Zuges erbitten sollten. Doch selbst das einnehmende Wesen und die strahlende Erscheinung des jungen Erzherzogs vermochten kaum zur Aufbesserung der Mitgift beizutragen. Man sagte, die Flamen sind reich genug. Wozu überhaupt dieses Abenteuer, das neue Verwicklungen heraufbeschwört und uns Bürgern in der Steiermark, in Bayern oder Schwaben nichts einbringt? Einige Landesherren, so die bayerischen

Wittelsbacher, beriefen sich sogar auf eigene Rechte in Holland, Friesland oder Luxemburg.

So zeigten sich eigentlich nur die engsten Verwandten und Freunde des Kaisers bereit, dieses burgundische Abenteuer zu unterstützen. Im übrigen waren die Fürsten der Meinung, diese Heirat sei ausschließlich eine hausinterne Angelegenheit der Habsburger. Etwas großzügiger verhielten sich dagegen die Städte, insbesondere Augsburg. Dieser Prinz war eben zu sympathisch, um ihn völlig zu übergehen. Nicht umsonst also hatte er für die Augsburger Mädchen geschwärmt. So summierten sich schließlich die Hochzeitsgeschenke, angefangen bei einem Faß rheinischen Weins bis zur stattlichen Hammelherde. Schließlich soll nicht übersehen werden, daß sich auch einige Edelleute dem Zug anschlossen – sogar auf eigene Kosten.

Schade, daß Maria diesen vielleicht originellsten Brautzug aller Zeiten nicht miterleben konnte. Sie durfte jedenfalls nicht wissen, daß man in den Zelten der Troßknechte von einem »brautlichen Raubzug« sprach. Neben derartigem Spott mußte Maximilian in diesen Tagen auch die Hiobsbotschaft bewältigen, daß die ungarische Armee bis vor die Tore Wiens gerückt war. Der Kaiser, der sich donauaufwärts in Richtung Linz abgesetzt hatte, sollte die Hauptstadt nie wiedersehen.

Als der Erzherzog schließlich in Köln eintrifft, kann er immerhin 600 Berittene vorweisen – dennoch kaum genug, um in Gent imponieren zu können. Von den Schlaglöchern und Fallen, die bis zu dieser Etappe der »Tour de Flandres« zu überwinden waren, soll im einzelnen nicht die Rede sein. Jedenfalls trifft die Kavalkade mit erheblicher Zeitüberschreitung am 3. Juli, also erst nach 45 Tagen, in der alten Colonia ein. Hier droht nun gar die Disqualifikation. Bereits bei dem Parcours, den Maria meistern mußte, hatte König Ludwig klotzige Hindernisse in die Bahn gestellt. Nun bekommt auch Maximilian kräftigen Gegenwind aus Richtung Frankreich zu spüren. Abgesandte des Königs, unter ihnen der Humanist Robert Gaguin, waren nämlich in Köln eingetroffen, um auszuposaunen, Maria von Burgund sei französischen Geblüts und könne ohne Zustimmung des Königs keine Heirat eingehen. Im übrigen sei Maria Kronvasallin, da Burgund staatsrechtlich immer noch als französisches Lehen gelte. Maximilian aber reagiert in richtiger Weise auf das Hindernis, indem er es einfach umgeht und die Gesandtschaft gar nicht empfängt.

Dennoch richten die Herren Schaden an, indem sie die deutschen Fürsten, auf deren Wohlwollen der Erzherzog angewiesen ist, noch bedenklicher stimmen. Der Herzog von Jülich aber erteilt dem Botschafter eine gehörige Abfuhr: »Weshalb kommt euer Herr, der König, erst so spät auf den Gedanken, eine Heirat mit dem Dauphin durchzusetzen? Zu einem früheren Zeitpunkt hätte er ein leichteres Spiel gehabt. Jetzt ist es zu spät. Ich habe mich dem Kaiser und seinem Sohn gegenüber verpflichtet, und es wäre für mich sehr unehrenhaft, würde ich jetzt ausscheren... Nehmen Sie meinen Rat an und verlassen Sie die Stadt auf schnellstem Wege. Ich könnte sonst für Ihre Sicherheit nicht garantieren.«

Der wütende König aber verscherzt seine letzten Sympathien, indem er sein Eindringen in die burgundischen Lande mit Mord und Brand begleitet. Berüchtigt ist seine »Sicheloffensive«, bei der er 4000 Schnitter aufbot, die weite Flächen Flanderns und des Hennegau abmähen sollten, um Stadt und Land ringsum auszuhungern. Molinet, der zeitgenössische Chronist, urteilt: »Der König suchte mit Gewalt und Schrecken zu erzwingen, was er auf ehrenhafte Weise nicht haben konnte.«

In Köln hielt sich Maximilian fast einen ganzen Monat auf, gewiß nicht deshalb, weil sich der Erzbischof als guter Gastgeber erwies. Mit Banketten und Empfängen war ihm nämlich jetzt nicht mehr gedient. Er brauchte Zusagen und Beihilfen für seine Streitmacht. Diese aber blieben auch hier weitgehend aus. Er hatte nun mehr als die Hälfte der Wegstrecke zurückgelegt, doch das bisherige Aufgebot reichte einfach nicht aus, um in Gent zu imponieren. Vereinzelt wirkten die Monturen seiner Paladine sogar ausgesprochen schäbig. Zudem erschien es fraglich, ob die Mittel für Beköstigung und Sold überhaupt ausreichen würden. Sollte er resignieren? Ein Ritter vermag vielerlei Hindernisse zu meistern, aber Geld aus dem Boden stampfen kann er nicht. In dieser heiklen Situation rang er sich schließlich zu einem diskreten Bittruf nach Gent durch:

Man möge ihm, um seine Reise zu beschleunigen, baldmöglich gehörige Subsidien zukommen lassen. Wieder vergehen einige Tage, bis dann über heimliche Kanäle rund 100 000 Gulden in seine Kasse fließen. Wie man hört, kommen sie aus der Schatulle der Herzogin-Mutter, Margarete von York. Ob sie jemals erfuhr, daß auch die Hochzeitsgeschenke für Maria aus diesem Fond finanziert wurden? Jedenfalls reicht diese Beihilfe, um zumindest das bisherige Aufgebot an Roß und Reitern gehörig herauszuputzen. So wird wenigstens das Auge auf seine Kosten kommen.

Maria aber wartet und wartet...

Unterdes empfängt Maximilian auch Abgesandte des Hofes von Burgund sowie verschiedener Städte seines neuen Hoheitsgebietes. Sie drängen zum Aufbruch, da die gespannte politische Lage zur Katastrophe führen könnte: für Maximilian erneut Anlaß, einen letzten Appell an die deutschen Fürsten zu richten. Bisher hat er mit knapper Not ein Regiment auf die Beine gestellt, aber man soll wissen, daß hinter diesem Regiment gegebenenfalls Legionen bereitstehen!

Endlich verläßt der Brautzug die rheinische Metropole. Er ist zwar nicht wesentlich angewachsen, aber erheblich bühnenwirksamer geworden. Darauf spielt auch der autobiographische Bericht des späteren Kaisers in seinem »Weißkunig« an, in dem es beschönigend heißt: »Es kamen auch underwegen zu dem jungen weißen kunig vil erzbischof, bischof und fursten mit einer sondern anzal ritterschaft, die mit dem jungen kunig zugen bis zu der edln schönen kunigin.« Tatsächlich zählen jetzt zur repräsentativen Ausstattung des Zuges die Kurfürsten von Mainz und Trier, die Markgrafen von Brandenburg und Baden sowie der Herzog von Sachsen. Als Begleiter hat sich ferner hinzugesellt Olivier de la Marche, ein burgundischer Höfling, mit bester Erfahrung auf dem diplomatischen Parkett. Er ist dem Erzherzog als Berater höchst willkommen, da Maximilian weiß, wie wichtig es ist, neben dem üblichen Takt auch die für Burgund typische Etikette zu beachten.

Weiter geht die Reise nun über Aachen nach Maastricht, der ersten Stadt auf burgundischem Hoheitsgebiet, die ihn empfängt. Die Honoratioren würzen den Willkomm durch 3 Ochsen und 12 Schafe. Im weiteren Verlauf steigert sich die Begeisterung. In Löwen grüßen ihn die 3000 Studenten der Universität mit »Vive Maximilien! Vive Bourgogne!« Und dann steht er am 11. August vor den Toren von Brüssel. Der festliche Zug zählt nun rund 700 Reiter, darunter Abgesandte des gesamten deutschen Adels. Sie alle sind schwarzgewandet: zum Zeichen der Trauer um Herzog Karl. Doch strahlender Höhepunkt dieser zunächst auf Moll gestimmten Schau ist Maximilian. Betont abgesetzt, reitet er auf prächtigem Schimmel an der Spitze des Zuges, aller Augen magnetisch auf sich richtend. Man jubelt ihm zu, da man in ihm die Idealgestalt eines jungen Ritters sieht. Gleicht er nicht gar dem Erzengel Michael, der vom Turm des Rathauses grüßt? Freudig bewegt ob dieser Hochstimmung, reckt sich der Sohn des Kaisers im silbern glänzenden Harnisch, mit gewinnendem Lächeln den Zauber der Jugend verbreitend. Huldvoll erwidert er den beifallfreudigen Gruß der Bürger, die dichtgedrängt seinen Weg säumen. Doch auch die kostbaren Tapisserien, die von den Fenstern der Häuser wallen und den handwerklichen Ruhm Brüssels künden, entgehen nicht seinem Blick. Und wer könnte die buntgestickten Banner der 48 Zünfte übersehen, die jetzt ehrerbietig ihren Gruß entbieten, während sie noch vor Wochen als Brutstätte des Aufruhrs galten. Ja, dieser Märchenprinz, umrahmt von goldblondem Haar, kündet die Morgenstunde einer neuen Ära.

Den eigentlichen Höhepunkt aber bildet der Einzug in Gent, der Stadt, die im Hinblick auf Prachtentfaltung und Inszenierung von Festen als die Königin Burgunds gelten darf. Schon von ferne mit ihrem Belfried und Dutzenden von Türmen lockend, zieht sie auch Maximilian und sein Gefolge in ihren Bann, als er sich am Spätnachmittag des 18. August der Metropole nähert. Fast drei Monate sind nach dem Aufbruch in Wien mittlerweile vergangen. Freudige Zustimmung, aber auch Mißgunst und Enttäuschung säumten diesen langen Weg. Nun aber steht die Erfüllung seines Traumes greifbar nahe vor Augen. Er hat alle Prüfungen der »Aventure« bestanden und darf nun des Siegespreises, der edlen Dame Maria, gewiß sein.

Großhofmeister de la Marche, der sich, wie wir hörten, in Köln hinzugesellt hatte, gibt nun letzte Hinweise für die Formierung des Zuges. Bereits in Brüssel hatte er veranlaßt, daß die bis dahin vorherrschende Trauergewandung den hoffnungsfrohen Farben der Hochzeit weicht. Entsprechend gibt jetzt der Festanzug schimmernder Rüstung oder hellseidener Waffenröcke den Ton an.

In Gent, damals so groß wie Paris, hat man inzwischen alle Vorbereitungen für einen festlichen Empfang getroffen. Tausende sind von freudiger Erregung erfüllt. Niemandes Herz aber pulsiert vernehmlicher als das der jungen Herzogin in brennender Erwartung eines Gemahls, von dem sie bisher nur träumen konnte. Noch acht Tage zuvor war sie vom Eintreffen ihres Bräutigams in Brabant verständigt worden. Um zwei Uhr nachts traf der berittene Bote ein, und man scheute sich nicht, die Herzogin zu wecken, wußte man doch, wie sehr diese Nachricht sie erfreuen würde. Auch der Bote erfuhr diesen Dank in Gestalt großzügiger 50 »lions«.

Gegen Abend nun weiten sich für den Ritter Maximilian die Tore dieser Stadt, die so oft gegen den Landesherrn rebelliert hat, nun aber ihr Herz dem Bund Habsburg – Burgund weit öffnet. Fünfzig weißgekleidete Herren der Bürgergarde entbieten den Willkomm, bevor die Honoratioren des Hofstaates und der Stadt vorgestellt werden. Und dann steigern sich die Eindrücke wie in einem mächtigen Crescendo. Triumphbögen öffnen sich und geben den Blick frei auf Spruchbänder, die im Abendwind wie Girlanden über dem Festzug tanzen:

GLORIOSISSIME PRINCEPS. DEFENDE NOS NE PEREAMUS oder TU ES DUX ET PRINCEPS NOSTER. PUGNA PROELIUM NOSTRUM oder ET OMNIA QUAE DIXERIS NOBIS FACIEMUS

Das ist nicht der übliche liebedienerische Ton derartiger Inschriften. Diesmal kann man sie beim Buchstaben nehmen. Sie sind beredte Zeugen der Sinnesänderung, die sich inzwischen vollzogen hat. Der Herzog ist nicht mehr Gesprächspartner wie zu Zeiten kommunalen Schönwetters, sondern Befehlshaber: »Omnia quae dixeris nobis faciemus« – Wir werden alles tun, was Du uns gebieten wirst!

Tatsächlich durften sie froh sein, daß König Ludwig von

ihrer Stadt nicht längst Besitz ergriffen hatte. Noch wenige Wochen zuvor hatten sie sich nämlich den französischen Truppen bei Tournai entgegengestellt, waren jedoch unterlegen. Gewiß hätte ein Feldherr wie Karl der Kühne eine solche Blöße sogleich genutzt, um bis Brüssel oder Gent durchzustoßen. Ludwig XI. war jedoch aus anderem Holz geschnitzt. Er taktierte vorsichtiger und auch listiger, um möglichst ohne Truppeneinsatz zum Ziel zu gelangen.

Inzwischen hatte sich der Hochzeitszug dem Zentrum der Stadt genähert. Er war mittlerweile zu der recht stattlichen Zahl von fast 1000 Gefolgsmännern angewachsen: Fürsten, Freiherren, Bischöfe mit Eskorten bewaffneter Ritter, überwiegend in schimmernder Rüstung mit federgeschmückten Helmen und flatternden Fahnen. Besonderen Effekt erzielten die Fuchsschwänze, die munter von den Lanzen grüßten. Auch zogen die Bischöfe und Äbte in ihren pferdebespannten Sänften die Blicke auf sich. Nicht zuletzt sorgte Maximilians Hofnarr Kunz von der Rosen mit seinen Spässen dafür, daß auch die heitere Note nicht zu kurz kam. Nun aber rückte der gewaltige Belfried gewichtig ins Blickfeld, umkrönt von den stattlichen Türmen der Kirchen Sint-Baafs, Sint-Niklaas und Sint-Michiels. Das Rathaus aber hatte seine gotische Gewandung in ein Meer von Teppichen, Blumen und Girlanden gehüllt. All diese Pracht vergoldete der verklärende Schein der Abendsonne.

Vor den Speicher- und Zunfthäusern längs der Leie hatten sich unterdes die spitzzüngigen Marktfrauen ein Stelldichein gegeben. Es fällt wohl nicht schwer, sich auszumalen, was sie sich zuraunten, als die Herolde das Nahen des Zuges kündeten und sie des Erzherzogs ansichtig wurden. Zuvor hatten sie nicht gerade freundlich über ihn gesprochen: »Eine gute Partie macht er, der junge Herr aus Österreich, der Sohn des Bettelkaisers. Nicht einmal das Geld für die Brautgeschenke hat er gehabt. Ein Fuhrknecht, der von Köln herüberkam, hat es im Wirtshaus erzählt. Die Städte am Rhein haben immer wieder mit Spenden nachhelfen müssen. Sonst wäre er gar nicht erst bis Flandern gekommen!« Und eine andere, die besonders eingeweiht schien, fügte naseweis hinzu: »Trotzdem kann Mademoiselle Marie es kaum erwarten, ihren armen Freier zu sehen. Heute nacht hat sie sich sogar wecken lassen: Zwei Stunden vor Morgengrauen. Ein Bote mußte ihr berichten, wie man ihren Bettelprinzen in Brüssel empfangen hat. Sie ist wohl ungeduldig, endlich ins Brautbett zu kommen, hat wohl Angst, daß die französische Partei wieder das Haupt erhebt und den ganzen schönen Heiratsplan zunichtemacht.«

Und nun kam Maximilian wirklich. Und auf einmal überwältigte der Zauber der Jugend alle, die zuvor gespottet hatten. Auch die Marktfrauen lästerten nicht länger. Sie jubelten, jubelten dem hochgewachsenen ritterlichen Jüngling mit der kühnen Nase und den blitzenden Augen zu, als er in seinem vergoldeten Harnisch wie betörend um sich blickte. »Ist er nicht zauberhaft? So schlank und rank wie aus dem Märchenbuch. Und seht, die kostbare Fürstenkrone, wie sie die goldblonden Haare umfaßt.« Kurz, wie auch immer die Kommentare lauteten, die Begeisterung war einhellig. Der ritterlichen Statur und dem Charme dieses Prinzen konnte man einfach nicht widerstehen.

Eine Liebesheirat
von welthistorischer Bedeutung

Abseits vom Gedränge gibt sich nun Maximilian in einer Auberge den letzten Schliff, um sich seiner Braut frischpoliert zu präsentieren. Es ist Abend geworden. Durch ein Spalier glutroter Fackeln und umbrandet von den Zurufen der Menge, bahnt er sich mühsam den Weg bis zur Burg seiner Dame. Er passiert die Brücke, die den mächtigen Wassergraben überspannt und gelangt in den Schloßhof. Dort entbieten ihm die Hofdamen den Willkommensgruß. Doch nun kommt ihm Maria, die auf der Freitreppe gewartet hatte, entgegen. Stumm, vom gegenseitigen Anblick in Liebe überwältigt, stehen sich die beiden gegenüber. In dieser Minute sehnsüchtiger Erfüllung sagt Schweigen mehr als künstliches Wortgeklingel. Beide haben Monate äußerster Anspannung hinter sich und sehen sich nun endlich am Ziel ihrer Wünsche. Das, was sie glückstrunken erstarren läßt, aber ist das selige Gefühl, schon auf den ersten Blick liebevoll ineinander versunken zu sein.

Maria sieht ihren Bräutigam immer noch unverwandt an, dann aber küßt sie ihn und spricht mit Tränen in den Augen die mühsam erlernten Worte: »Sei willkommen, edelstes deutsches Blut, nach dem sich mein Herz so lange gesehnt.« Für Maximilian stellt diese erste Begegnung mit Maria, wie er später betont, das unüberbietbare Liebeserlebnis seines Lebens dar. Sein Blut ist in Wallung geraten, aber noch muß er sich beherrschen, denn man ist nicht allein.

Das glückliche Paar, das sich nur langsam aus seliger Umarmung lösen kann, wird nun von Margarete von York in den Festsaal geleitet, wo es von den Ratsherren und einigen erlauchten Gästen bereits erwartet wird. Unter den deutschen Würdenträgern befinden sich unter vielen anderen der Markgraf von Baden sowie der Graf von Anhalt. Für sie und die anderen Herren aus Deutschland hatte Margarete mit Bedacht die schönsten Hofdamen als Tischnachbarn gewählt. Bevor man sich dem Bankett widmete, waren jedoch in Verbindung mit dem Ehevertrag noch einige Formalien zu erledigen. Maximilian schien es gar nicht recht zu sein, so urplötzlich aus dem siebten Himmel der Liebe in die nüchterne Welt eines notariellen Kontraktes verstoßen zu werden. Gut, daß sein Anwalt Dr. Heßler die staatsrechtlich so wichtige Frage der Erbfolge bereits vorher geklärt hatte. Wie aber kann man gerade jetzt vom Tode sprechen, da zwei blutjunge Menschen sich anschicken, den Freudenbecher des Lebens zu trinken? Maximilian lächelt nur; er ist mit allem einverstanden!

Nach Unterzeichnung des Kontraktes überreicht er seiner Braut einen kostbaren Diamanten. Auch sie hält eine Überraschung bereit. Und zwar nehmen die Herzogin-Witwe und die Hofdame Frau von Halewyn Maximilian beiseite, um ihm zu bedeuten, die Braut halte bei sich eine Blume versteckt, die er nach ritterlichem Brauch nun suchen möge. Mit zitternder Hand tastet er in den Falten des Kleides, vom diskreten Lächeln der Zuschauer begleitet. Doch selbst ihm, dem Vielgewandten, gelingt es nicht, die symbolische Blume zu entdecken. Schließlich kommt der Erzbischof von Trier, der offenbar Bescheid weiß, zu Hilfe, indem er den zaghaften Bräutigam ermuntert, seiner Dame das Mieder zu öffnen. Und siehe da: Marias Busen gibt eine duftende Nelke frei, die, wie man ihm bedeutet, Sinnbild der reinen Gattenliebe sei.

Maria muß an diesem Abend noch entzückender ausgesehen haben als jene Rötelzeichnung, die nach Wien gegangen war, vermuten ließ. Ihr edles, rosig getöntes Antlitz thront unter der pyramidenförmig getürmten Frisur wie unter einem von Schleiern gebildeten Baldachin. Verhaltenes Lächeln, von ihren dunklen, aber doch leuchtenden Augen verklärt, kündet von stiller Seligkeit. Ja, es ist zunächst das versonnene Glück der Herzenssprache, solange dem einen des anderen Mundart versagt bleibt. Später aber bedient man sich gerne der Sprache der alten Römer, zumal sich ROMA, wenn man es rückwärts liest, als AMOR entpuppt.

Über das Geschehen unmittelbar nach dem Bankett gibt es verschiedene Versionen. Die eine besagt, die beiden Verliebten seien so für einander entbrannt, daß sie das offizielle Hochzeits-Zeremoniell nicht abwarten wollten, sondern sich um Mitternacht heimlich trauen ließen, um schon jetzt einander gehören zu dürfen. Übereinstimmend aber betonen alle, daß die feierliche Vermählung am folgenden Tage, und zwar Dienstag, dem 18. August, bereits um fünf Uhr morgens in der Schloßkapelle von Ten Walle stattfand. Dazu bemerkt Wiesflecker wohl richtig, daß in Wirklichkeit die fünfte Stunde nach Tagesanbruch gemeint ist, also neun Uhr morgens.

Der Erzherzog hat wieder seine silberne Rüstung angelegt, die ihn als den strahlenden Ritter erscheinen läßt, der nun seine goldige Prinzessin in seinen Schutz nimmt. Tatsächlich ist die Herzogin wie mit einem güldenen Sternenhimmel übersät. Sie trägt ein weißes, mit Goldbrokat besetztes Damastkleid, darüber einen Mantel aus Hermelin. An einem goldenen Gürtel rund um ihre Taille hängt ein mit kostbaren Steinen besetztes Täschchen. Ihr kastanienbraunes Haar fällt lockig über ihren elfenbeinfarben schimmernden Nacken. Auf ihrer Stirn aber prangt die Krone von Burgund, geschmückt mit den seltensten Edelsteinen und Diamanten, ein Zeugnis des aufwendigen Geschmacks der Großherzöge, ihrer Vorfahren.

Die Herzogin wird zum Altar geführt von Herrn Ludwig van Gruuthuse sowie dem Grafen von Chimay. Die Schleppe wird gehalten von Madame de Ravenstein und der Gräfin von Winchester. Maria und Maximilian knieen nun zu Füßen des Altares nieder. Beiderseits stehen weißgekleidet die beiden Waisen des Herzogs von Geldern Karl und Philippine; sie tragen Brautfackeln. Im Hinblick auf Marias Trauer um ihren Vater ist das Gefolge klein und überwiegend schwarz gekleidet.

Der päpstliche Legat Julianus von Ostia zelebriert unter Assistenz des Bischofs von Tournai. Nach dem Offertorium wird der Erlaß des Hl. Vaters verlesen, wonach er für diese Ehe zwischen Verwandten Dispens erteilt. Dann folgt die Ansprache über die Pflichten der Eheleute mit anschließendem Segen. Maximilian streift nun den Ring über Marias Finger, und zwar, wie es damals üblich war, über den Mittelfinger und spricht dazu:

»Mit diesem Fingerring gelobe ich Dir Treue.«

Die Erklärung Marias ist indessen etwas ausführlicher:

»Ich verspreche Dir Treue und Liebe. Auch will ich einhalten, was zwischen Deinem und meinem Vater im

Hinblick auf meine Länder und Provinzen vereinbart worden ist.«

Und während sie diese Worte spricht, kommt ihr jener Ritter St. Georg des Hochzeitszuges von Brügge in den Sinn, der das kleine Mädchen aus Genua in seinen Schutz nahm. Auch sie hat nun ihren Ritter, der sie verteidigen wird. –

Nach dem gegenseitigen Versprechen überreicht Maximilian seiner Braut 13 Goldstücke zum Zeichen des der Frau schuldigen Unterhalts. Bei der Kommunion bricht der Legat das Brot und gibt je eine Hälfte Maximilian und Maria; dann wird beiden der Hochzeitskelch gereicht.

Während der Messe begegnen sich die Blicke des Brautpaars immer wieder, um ihr Glück zu bekunden. Besonders nahe sind sie sich, während sie sich den Friedenskuß geben. Auch der »Weißkunig« weiß von dem festlichen Ausklang zu berichten: »nach sölichem hueb man an zu singen und zu pusaunen mit großen frewden ›Te Deum laudamus‹ und giengen darnach in kuniglicher ordnung aus der kirchen.«

Nach Beendigung der Messe ging Margarete spontan auf Maximilian zu, küßte ihn herzlich und rief aus: Nun ist das Glück, das ihr beide so sehr ersehnt habt, endlich besiegelt: »Le voilà donc, enfin, ce bonheur que vous avez tant désiré tous les deux!«.

»Een historische gebeurtenis van het hoogste belang had plaatsgevonden«. (28)

»The most momentous marriage in European history« (12). Tatsächlich ist mit dieser Trauung der reichsten Erbin Europas und des Kaisersohnes ein Ereignis von welthistorischer Bedeutung besiegelt worden, welches die Geschicke Europas für Jahrhunderte bestimmte. Ganz abgesehen von der politischen Tragweite aber bestätigt sich hier die Erfahrung, daß die Liebe Berge zu versetzen vermag. Die jahrelangen Verhandlungen auf diplomatischer Ebene hatten zwar die Weichen für diesen Bund gestellt. Entscheidend aber war letzten Endes der feste und mannhaft durchgesetzte Entschluß der Prinzessin: Nur den und keinen sonst will ich haben! Wie ist sie doch hin- und hergezerrt worden zwischen Verlobungen, Drohungen, Versprechungen! Und doch blieb in aller Drangsal schließlich die

Sprache des Herzens siegreich. Selbst der fesselndste Roman kann nicht wetteifern mit der Dramatik, aber auch Poesie, die zu dieser krönenden Hochzeit hinführten: eine hochpolitische Heirat und doch ein echter Liebesbund – in der Tat eine Sternstunde menschlicher Begegnung.

Wir deuteten schon an, daß diesmal nicht das sonst übliche burgundische Gepränge geboten wurde, wie es sich eigentlich für die Vermählung der reichsten Erbin der Welt geziemt hätte. Doch die Braut war in Trauer. Im übrigen hatte sich das Land gerade erst von den sozialen Spannungen erholt, die es in den letzten Monaten erschüttert hatten. Außerdem hielt der Gegner weite Teile des Territoriums besetzt. Dennoch wurde in bescheidenem Rahmen bei Musik und Tanz gefeiert. Hören wir abermals, was der »Weißkunig« darüber festgehalten hat: »... aus der kirchen zu dem hochzeitlichen mal, das mit essen und trinken auf das allerköstlichist zugerichtet war; es wurden auch bey dem essen mit manicherlay saitenspil und seltzam new gesang wunderperlich frewd und darzu zierliche panget gehalten...«

Zu später Stunde folgte dann dem Bankett die Zeremonie der Hochzeitsnacht. Demnach wurde Maximilian, eskortiert von einigen Rittern, zum Brautgemach geleitet, um dort mit seiner liebwerten Prinzessin und entsprechendem Zeremoniell zu Bett gebracht zu werden. Aber dann verstummt der Chronist (ein sächsischer Ritter, der sich dem Hochzeitszug quer durch Deutschland angeschlossen hatte) mit den verschmitzten Worten: »Wie es da ganngen ist wais ich nit« (Was dann drinnen geschah, weiß ich nicht).

Was die folgenden Tage anbelangt, so sei wieder der »Weißkunig« zitiert: »Die opgemelt hochzeit ward etliche vil täg mit grossen frewden gehalten und mit rennen, stechen und thurnieren und allen andern ritterspilen auf maynigerlay nacion art... mit vil grosser frewd und kurzweil getriben.«

Es gab also weitere Festlichkeiten. Dabei wechselten deutsche Tänze mit flämischen oder französischen – Tänze, verbunden mit Sprüngen, wie es heißt, andere schreitend oder gleitend. Eine dieser »soirées dansantes« beehrte auch Maria, gefolgt von einem Geleit junger Mädchen, wunderhübsch herausgeputzt. Sie selbst erschien in Violett, bekrönt von der malerischen Zuckerhut-Haube mit langem weißem Schleierstoff à la Bourgogne.

Wir hörten bereits, daß der Erzherzog seiner Braut als Morgengabe einen kostbaren Diamanten geschenkt hatte. Nicht minder war Maria darauf bedacht, ihren Bräutigam zu erfreuen. So überraschte sie ihn schon an ihrem Hochzeitstage mit einem gold- und silberndurchwirkten Gewand. Auch die folgenden Tage bescherten ihm üppige Geschenke modischer Art, die darauf schließen ließen, daß Marie ihren Liebsten gerne auch in der landesüblichen Tracht sah und nicht nur in der schimmernden Rüstung, die sie allzusehr an gefährliche Kampfspiele erinnerte. Böswillige Chronisten behaupteten in diesem Zusammenhang, der Erzherzog sei bei seiner Ankunft in Flandern so ärmlich ausgestattet gewesen, daß man ihn seiner Würde entsprechend habe einkleiden müssen. In Wirklichkeit aber dürfte die Auswahl dieser Geschenke der zartfühlenden Hand einer verliebten Gattin zuzuschreiben sein. Im übrigen verfügte sie über einen ausgeprägt modischen Geschmack, und ihr Sinn für Schönheit und Eleganz brauchte sich nichts zu versagen, was den Reiz ihrer guten Figur noch zu steigern vermochte. Besonders schätzte sie Pelze (vornehmlich Marder), Brokatstoffe und grüne Taftseide, meist Florentiner Herkunft.

Hören wir in diesem Zusammenhang, wie Domke in seinem Flandern-Buch die junge Braut rühmt:

»Sie besaß körperliche wie geistige Reize die Fülle, denn sie war liebenswürdig, von graziöser Gestalt, anmutig und besaß für einen Habsburger aus den Wäldern Südostdeutschlands, wo man als Feiertagsspeise kalten Topfen in Milch oder Gesulztes aß, die Aura alten Adels, der Eleganz, des Glanzes, der den burgundischen Hof verklärte.« (10)

Wir pflichten dieser Würdigung Marias gerne bei, doch meinen wir, die Maximilian zugedachten, wenig schmeichelhaften Bemerkungen müßten ergänzt werden durch den Hinweis, daß auch er sich durchaus sehen lassen konnte, nicht nur, was seine stattliche Erscheinung anbelangt, sondern auch im Hinblick auf Bildung und Charakter. Tatsächlich hatte ihm die Natur nur wenig versagt, und vielen galt er gar als der ansehnlichste Prinz Europas. Nicht zuletzt aber sollte seine gewinnende Liebenswürdigkeit, die ihm allenthalben Sympathien eintrug, nochmals betont werden. Man sah ihm jedenfalls die Ärmlichkeit und Enge der Wiener Burg, in der er aufgewachsen war, nicht an. Sie hat seiner vielseitigen Bildung keinen Abbruch getan. Im übrigen, so darf man fragen: Können nicht Einschränkung und Drangsal für die charakterliche Entwicklung durchaus heilsam sein? Wie aber würde er den Prunk und Reichtum Burgunds innerlich bewältigen?

Die Festlichkeiten, verbunden mit Ritterturnieren, Maskenspielen und Tänzen zogen sich noch einige Tage hin. In diese vornehmlich der Bevölkerung zugedachte Festwoche einbezogen wurde auch die feierliche Vereidigung des jungen Herzogs am Sonntag, dem 24. August, in der Kirche zu St. Peter und St. Johann. Bei diesem Anlaß ließen sich die Genter erneut ihre städtischen Privilegien bestätigen, um anschließend auch ihrerseits den Treueid zu leisten. Und wiederum tanzte man und freute sich – nicht zuletzt über Münzen und Schautaler, die freigiebig aus dem Füllhorn des Glückes geschüttet wurden. Auf einer dieser Gedenkmünzen war bereits das junge Paar zu sehen, gestützt auf ein Wappenschild mit der Inschrift: IN MANIBUS DEI HOC NOS REPONIMUS – Wir legen unser Geschick in Gottes Hand.

Flitterwochen mit Störfeuer

Der Hochzeit und ihrer mehrtägigen Nachfeier folgte nun die »Hochzeitsreise«, jedoch nicht im Sinne der Flitterwochen, in denen Jungvermählte einzig sich gehören möchten. Vielmehr standen sie mehr denn je im Blickfeld der Öffentlichkeit, da sich nun die obligatorische Rundfahrt durch die »niederen Lande« ihres Herzogtums anschloß. Brügge hatte natürlich Vorrang – nicht zuletzt für Marie, die dort besonders gern gesehen war. Tatsächlich bereitete die Stadt ihr und dem Herzog einen überschwenglichen Empfang. Emporgetragen von einer Welle der Begeisterung und einer Farbenpracht ohnegleichen fanden sie so einen Ausgleich für das ihnen entgehende Flitterwochen-Glück der Zweisamkeit. Und wieder zeigte sich, daß Brügges Ehrgeiz im Hinblick auf phantasievollen Festschmuck, Illumination und lebende Bilder keine Grenzen kannte.

Maximilian hatte zwar schon in Trier eine Kostprobe burgundischen Aufwands genossen. Die Hochzeitsfahrt durch Flandern, den Hennegau und Brabant aber gestaltete sich zu einem Hochgenuß der Sinne, aber auch der Huldigung, die ihm und seiner jungen Frau entboten wurde.

Bemerkenswert ist, daß die Generalstaaten mit der Anerkennung eines ausländischen Erbprinzen ihre traditionelle Politik aufgeben. Maximilian ist für sie der einzige Prinz, der zu retten vermag, was noch zu retten ist. Sie verzichten deshalb, abgesehen von den ihnen zustehenden Privilegien, auf weitere Garantien im Hinblick auf mögliche außenpolitische Verwicklungen oder Ambitionen des Hauses Habsburg. Nach dem Heiratsvertrag, den die burgundischen Stände mit dem Paar abgeschlossen haben, werden dessen Kinder die Territorien der Eltern ungeteilt erben, ohne daß von einer Autonomie der Niederlande oder burgundischen Provinzen gegenüber den Staaten des Hauses Habsburg die Rede ist. Davon abgesehen, setzt Maria am 17. September, also schon wenige Wochen nach der Heirat, auf eigenen Beschluß Maximilian zum Gesamterben ein, sollte sie kinderlos sterben. Damit sind, was auch geschehen mag, die burgundischen Länder an die Dynastie Habsburg gebunden.

Die Märchenhochzeit und die »joyeuses entrées« der Huldigungen können, wie Maximilian vorausgesehen hatte, nur kurzfristig den Ernst der politischen Lage und die Gefährdung des Erbes beschönigen. Die in ihrem Netz der Intrigen und Heimtücke lauernde »Spinne« ruht nämlich nicht. Zur Zeit sitzt sie im Schloß Plessis-les-Tours, immer noch giftig, daß sie diese Heirat mit dem Bettelprinzen nicht hintertreiben konnte. Gemeint ist natürlich König Ludwig, dessen Ärger sich gar dazu hinreißen läßt, vor dem Parlament in Paris einen Schauprozeß gegen den toten Karl den Kühnen zu inszenieren, während seine Soldaten im Grenzgebiet ihr Vernichtungswerk auf den Feldern fortsetzen. Maximilian und Marie aber tituliert er betont abwertend als »Herzog und Herzogin von Österreich«.

Dieses Störfeuer setzt nun der Hochzeitsreise ein vorläufiges Ende. Maximilian mag sich dabei des Trojanischen Helden Aeneas erinnert haben, der in Karthago, mit Königin Dido jagend und kosend, an die heilige Pflicht des Aufbruchs erinnert wurde. Während jedoch der »Pius Aeneas« Vergils dem Rufe seiner Mutter Venus folgt, weiß Maximilian, was er seiner Dame Maria und dem Erbe Burgund in Erfüllung seiner Ritterpflicht schuldig ist. Er entsinnt sich auch der Spruchbänder in Gent: GLORIOSISSIME PRINCEPS DEFENDE NOS NE PEREAMUS (Glorreicher Prinz, verteidige uns, damit wir nicht zugrunde gehen!) – in der Tat, ein eindringlicher Appell! Im übrigen hatte er bereits den Eid als Landesherr geleistet und war mit dem Schwerte umgürtet worden.

Zunächst beschritt er den diplomatischen Weg, indem er bereits eine Woche nach seiner Heirat den französischen König in aller Deutlichkeit wissen ließ, daß er etwaige Verpflichtungen gegenüber der französischen Krone genau beachten würde, andererseits aber entschlossen sei, die Gebiete, die völlig widerrechtlich besetzt worden seien, zurückzuerobern. Auch werde er, um die Rechte seiner Gattin zu verteidigen, an seine mächtigen Verbündeten appellieren. Angesichts dieser entschiedenen Sprache hielt es Ludwig für opportun, zunächst versöhnlich zu reagieren, indem er einen erneuten Waffenstillstand vorschlug. Anteil an dieser Entwicklung hatte wohl auch Margarete von York, die, die, wenn auch nicht immer erfolgreich, stets darauf bedacht war, ihren Bruder, den englischen König, als Burgunds Bündnispartner im Spiel zu halten.

Was den Kaiser anbelangt, so war allerdings gegenwärtig von ihm keine spürbare Hilfe zu erwarten. Immerhin protestierte er bei Ludwig XI. gegen Verletzung von Reichsrechten. Im übrigen aber war er selbst hart bedrängt. Vor den Invasionstruppen des ungarischen Königs Corvinus hatte er seine Residenz in Wien endgültig aufgeben müssen und regierte nun von Linz aus, wo er bis zu seinem Lebensende blieb. Mochten ihm auch die Stammlande Österreich Kummer machen, die burgundische Heirat mußte ihm größte Genugtuung bereiten, trug doch seine kluge Politik nach dem Motto »Bella gerant alii, tu felix Austria nube!« erste Früchte. Ja, laß die anderen Kriege führen, Du, glückliches Österreich, heirate! Tatsächlich sollte dieses Erbe Burgund für Maximilian und seine Nachkommen von unermeßlichem Wert sein, zumal Maria und auch die Generalstände die Erbfolge zugesichert hatten. Fortan konnte sich also Maximilian »Erzherzog von Österreich und Burgund« nennen. Darüber hinaus aber teilte er mit dem Vater die Überzeugung, daß dem Hause Österreich – Burgund als Träger der Kaiserkrone eine überragende Mission zugedacht sei.

Zunächst hatte sich der militärische Einsatz des Erzherzogs darauf beschränkt, Soldaten anzuwerben, sich im Feldlager umzusehen und Anordnungen für das weitere Vorgehen zu treffen. Der inzwischen vereinbarte Waffenstillstand aber war trügerisch. Es war nämlich vorauszusehen, daß Ludwig weitere Attacken beziehungsweise Intrigen vorbereitete.

So waren verstärkte Rüstungsanstrengungen unausweichlich. Tatsächlich bewilligten die niederländischen Stände ihrem jungen Herzog erhebliche Mittel zur Ausrüstung einer entsprechenden Streitmacht. Andererseits waren die beiden Regenten klug genug, nicht, wie zu Zeiten Karls des Kühnen, das Volk über Gebühr zu belasten. Vielmehr verkauften sie Wertgegenstände aus eigenem Besitz. Schweren Herzens trennte sich Marie sogar von dem Prunkmantel ihres Vaters, den er in Trier getragen hatte, aber auch von persönlichem Schmuck. Maximilian aber mußte sich immer häufiger dazu durchringen, sein Seidengewand mit dem Harnisch zu tauschen: eine ständige Anspannung zwischen Neigung und Pflicht. In dieser Stimmung schrieb er einem Freund, wehmütig sinnend: »hetten wir hie fried, wir säßen im rosengarten.«

In einem anderen Brief an den Freiherrn Sigmund Prüschenk, den Kanzler seines Vaters, huldigt er seiner jungen Gemahlin: »Ich hab ein schöns, froms, tugenhafftigs weib, das ich mich begnügen laß und danck gott! von leib viel kleiner den die Rosina und schneeweis, ein prauns haar, ein kleins naßl, ein kleins heuptel und antlitz, praun und graube augen gemischt, schön und lauter; dann daz unter heutel an augen ist etwas herdann gesenkt, gleich als sie geschlaffen hiet, doch es ist nit wohl zu merckhen. der mund ist etwas hoch, doch rein und rot. Sonst viel schöner jungfrowen als ich all mein taag bey einer gesehen hab und frölich.« (19)

Erstaunlich, mit welchem Kennerblick Maximilian auch feinste Nuancen bei seiner Braut beobachtet hat. Offenbar hat er schon manchem Mädchen in die Augen geschaut. Ausdrücklich wird sein früherer Schwarm Rosina – wir stellten sie bereits vor – zum Vergleich herangezogen. Doch wenn sich auch Marie, im Hinblick auf das Idealmaß, geringfügige Abstriche gefallen lassen muß, selbst Rosina kann sich nicht mit ihr messen. Denn Marie ist, wie es sich für Verliebte gehört, eben doch die Schönste von allen.

Ob andererseits Maximilian in den Augen Maries ganz ohne Makel war, wir wissen es nicht. Jedenfalls meldet sich Autor van Ussel mit einem Einwand: »Sind sie denn alle blind im Hinblick auf die zu große Nase und das vorspringende Kinn Maximilians? Und ist Marie von ihrem Liebsten so eingenommen, daß sie ›physische gebreken‹ übersieht?« (28) Andererseits hat Maximilian Maries leicht hängende Unterlippe nicht als Makel vermerkt. Sie dürfte übrigens ein Erbteil ihres Vaters bzw. des Hauses Valois gewesen sein.

Es ist begreiflich, daß sich bei den Gesprächen der Jungvermählten zunächst noch Engpässe ergaben, da Maximilian kaum Französisch und Maria kein Deutsch sprach. So bildete, abgesehen von der Sprache der Herzen und der Mimik, Mutter Latein wieder einmal die Brücke.

Man will sich jedoch auch in der Muttersprache näherkommen, und so finden wir im »Weißkunig« bezaubernde Blätter, die darstellen, wie die beiden sich in ihrem »Rosengarten« wechselseitig in ihrer Sprache unterrichten. Die Stichworte geben – wie sollte es anders sein? – die Gefühlswelt, die sie beseelt, und die umgebende Natur. Zwischendurch aber beglückt sie die stumme Sprache des Herzens und Kosens, die sich nicht in menschliche Worte fassen läßt. »Und als sy also ain zeit bey ainander woneten, hueben sy an, ains des ander sein sprach zu lernen, und ayn yedes ward in sonderhait beflissen, des andern sprach in kurz zu lernen.«

Zu den besonderen Freuden gehört die gemeinsame Jagd, deren Ausübung keines aufwendigen Sprachschatzes bedarf. Beide sind überglücklich, daß sie sich auch in dieser Hinsicht gefunden und mit Pferden, Falken und Hunden umzugehen verstehen. Doch abermals müssen wir das Idyll des Rosengartens und der Jagdgefilde verlassen, um uns mit Maximilian erneut in das umkämpfte Grenzgebiet zu begeben. Trotz offiziellem Waffenstillstand kommt es immer wieder zu Geplänkeln. Diesmal steht Tournai im Mittelpunkt der Auseinandersetzung, doch gelingt es Maximilian nicht, diesen bedeutenden Stützpunkt des Gegners zurückzugewinnen. Der Herzog wendet sich deshalb Mons, der Hauptstadt des Hennegaus, zu, wo er die ihm nun schon zur Routine gewordene Huldigung entgegennimmt. Anschließend kehrt er wegen des nahenden Winters nach Brüssel zurück.

Wir entsinnen uns, daß Maria im Schloß Coudenberg zur Welt kam. Nicht zuletzt deshalb verlegte sie die Hofhaltung gerne nach Brüssel. Dennoch war ihr der Prinsenhof zu Brügge nicht weniger lieb. Zum Prinsenhof in Gent (auch Ten Walle genannt) unterhielt sie eine eher zwiespältige Beziehung. Einerseits hatte sie dort ihren Ritter Maximilian nach drangvollen Jahren endlich in die Arme schließen können, und auch sonst verbanden sich manch erfreuliche Erinnerungen mit dieser Residenz; andererseits war ihr Ten Walle in dieser aufsässigen Stadt Gent oft wie eine Zwingburg erschienen. Doch wie dem auch sei, der Hof blieb wie zur Zeit ihres Vaters ein Wanderzirkus, der in zahllosen Gepäckwagen Teppiche,

Lebensmittel, Garderobenschränke, Truhen und andere Möbelstücke spazierenführte.

Auch war jeweils der Hofstaat sowie ein Teil der Dienerschaft an diesen Umzügen beteiligt. Dieses häufige Hin und Her brachte für die Betroffenen überwiegend Nachteile mit sich. Man nahm sie in Kauf, um den wirtschaftlichen und politischen Interessen der jeweiligen Städte entgegenzukommen. Alle drei (Lille und Mecheln müßte man noch einbeziehen) waren zu bedeutend und auch ehrgeizig, um auf das Vorrecht zu verzichten, in ihrem Ansehen bestärkt und von Zeit zu Zeit gestreichelt zu werden. Als vorteilhaft betrachtete man andererseits den Wechsel der Szenerie, welche der Geselligkeit oder kulturellen Interessen jeweils frische Impulse zu geben vermochte. Für das Herrscherpaar war im übrigen von Bedeutung, daß die jeweiligen Jagdreviere für eine neue Perspektive und entsprechende Abwechslung sorgten.

Maximilians Rückkehr nach Brüssel im Herbst 1477 wurde von Marie natürlich sehnlich erwartet. Die von Frankreich drohende Gefahr schien einstweilen gebannt. Um so mehr Veranlassung bestand nun, die gestörten Flitterwochen nachzuholen. Wie oft hatte sie, wenn er im Felde stand, um ihn gebangt und an Bekannte seiner Umgebung geschrieben, sie möchten auf ihn achtgeben. Andererseits machte Maximilian kein Hehl daraus, daß für ihn die oft wochenlange Trennung von seiner Gattin und der Möglichkeit, ihr gefällig zu sein, sehr bitter war. Nun aber stand der Winter vor der Tür und damit eine Atempause, die Raum ließ für Kurzweil aller Art, aber auch für die Einarbeitung in das politische Geschäft.

Jetzt erst zeigte sich, in wievielen Bereichen die Neigungen und Fähigkeiten des jungen Paares aufeinander abgestimmt waren. Hinzu kam als verbindendes Element die beiden eigene Natürlichkeit und Frische, die würdevolle Haltung mit Ausgelassenheit durchaus zu verbinden wußte. Marie hatte immer schon durch ihre hilfsbereite, gefällige Art bezaubert. Auch diese Seite ihres Wesens fand nun eine glückliche Ergänzung in der Kontaktfreudigkeit ihres Gemahls, die ihm schnell die Gunst des Volkes einbrachte. So rechtfertigte er die Zeit, die er der Jagd widmete, mit dem Hinweis, sie biete ihm Gelegenheit, mit

Untertanen ins Gespräch zu kommen, die sich sonst kein Gehör verschaffen könnten. Er legte sogar Wert darauf, daß ihn bei der Jagd Sekretäre und Räte begleiteten, die den Bittstellern Auskunft erteilten oder sich auf andere Weise der jeweiligen Anliegen annahmen. Auch Marie liebte es, während ihrer Ausritte unvermutet bei einfachen Landleuten einzukehren, deren verständliche Verwirrung sie dann in aller Bescheidenheit zu beschwichtigen wußte.

Voraussetzung für diese angestrebte Verbundenheit mit dem einfachen Mann war natürlich die Kenntnis der französischen und flämischen Sprache. Wir erfuhren bereits, daß auch Marie schon früh mit dem Flämischen vertraut gemacht wurde, zumal die Generalstände immer schon auf dessen Verwendung als Hof- und Verwaltungssprache hingewirkt hatten. Maximilian brachte es in beiden Sprachen schon bald zu einer gewissen Fertigkeit. Darüber hinaus lernte er auch die damals schon weitgehend normannisch gefärbte Sprache der Angelsachsen, wobei ihm seine Lateinkenntnisse zugute kamen. In diesem Fach konnte ihm niemand eine bessere Lehrmeisterin sein als seine Schwiegermutter Margarete von York. Auch kamen zunehmend englische Söldner ins Land, allerdings mit einem »Slang«, der mit dem hoffähigen Englisch wenig gemeinsam hatte. Übrigens ist ein Brief erhalten, den Maximilian im September 1479 an Maria schrieb, und zwar in einem etwas unbeholfenen Flämisch. So liegt es nahe anzunehmen, daß die beiden Gatten sich bei ihrer persönlichen Korrespondenz der Sprache ihrer niederländischen Untertanen bedienten.

Im Winter war neben der Jagd der Eislauf die bevorzugte Sportart. Entzückend zu sehen, wie Marie auf den Grachten, die Brügge durchziehen, graziös ihre Kreise in das Eis zeichnete. Maximilian dagegen fühlte sich auf Schlittschuhen nicht so wohl. So erzählte er später in seiner Autobiographie »Theuerdank«, daß er bei einer Eislaufpartie eingebrochen und beinahe ertrunken sei.

Was das Weidwerk anbelangt, so blieb dem Tiroler Gemsjäger keine andere Wahl, als sich auf die in Flandern üblichen Niederwild-Jagden umzustellen. Maria bevorzugte, wie bereits früher beschrieben, die bei Damen beliebte Vogelbeize, mit der zum Glück auch Maximilian vertraut war. Weder Tanz noch Eislauf vermochte sie so zu erheben wie ein erfrischender Ritt über das weite flämische Land. Entsprechend beschwingt sehen wir sie auf ihren Wappen und Siegeln. Gern auch ritt sie Seite an Seite mit ihrem Gemahl hinaus zur Wildfütterung bei Soignes oder zu den Nistplätzen der Wildgänse, Reiher und Kraniche in der Sumpflandschaft rund um Brügge.

Die passionierten Jäger waren zugleich ausgesprochene Tierfreunde. So ist Maximilians Liebe zu Singvögeln bekannt; in den Volieren der Residenz überboten sie sich zu seiner Freude in edlem Sängerwettstreit. Mit Maria ist er auch Hunden sehr zugetan. Sonst würde er nicht zulassen, daß der Favorit der Herzogin, ein äußerst geschwinder Windhund, nachts vor ihrem Bette schläft. »Mein gemahl ist eine gantze Waidtmännin mit valckhen und hundten. sie hatt ein weiß windtspil, daß laufft vast bald (sehr schnell), daß liegt zue meisten theil alle nacht bey uns.«

Sehr einfühlsam geht Maria mit ihren Jagdfalken um. Einige von ihnen gehören gleichfalls wie zur Familie. Sie sitzen auf einer Stange über dem Kaminsims, während die Herzogin mit ihnen spricht und sie an ihre Hand gewöhnt. Nicht unerwähnt bleibe, daß zu dem Wanderzirkus auch ein ansehnlicher Tierpark mit Elefanten, Bären, Löwen, Kamelen und Affen gehört. Ob auch der Papagei noch dabei war, den Sigmund von Tirol vor Jahren der Prinzessin geschenkt hatte, als sie noch in Hesdin weilte? Wahrscheinlich hielt Marie ihn in Ehren, da er quasi als erster Botschafter des Hauses Habsburg bei ihr akkreditiert war.

Auch im musikalischen Bereich herrschte ausgesprochene Harmonie. So erfahren wir, daß die Herzogin regelmäßig bei einem Hoforganisten Unterricht im Spiel des »Clavicordion« erhielt, während Maximilian zur Laute spielte oder mit seiner angenehmen Stimme begleitete. Nicht minder erfreuten sich beide an den Gesängen der berühmten Hofkapelle, die vornehmlich französische Lieder und geistliche Musik zu Gehör brachte, oft mit instrumentaler Begleitung. Für den lautstarken Auftakt bei Empfängen sorgte ein gut abgestimmter Bläserchor. Völlig neuartig war auch die Verpflichtung von Sängerinnen, die bei festlichen Anlässen zur Unterhaltung beitrugen. Insgesamt setzte das Herzogspaar die Tradition des burgundischen Hofes, das gesellschaftliche Leben durch die Musik zu bereichern, betont fort.

So sehr sich Maximilian und Maria durch ungezwungene Natürlichkeit und Einfachheit bemühten, dem Volke nahe zu sein, so verzichteten sie dennoch nicht völlig auf das althergebrachte Zeremoniell. Das war auch im Sinne des Erzherzogs, der nicht zuletzt als Sohn des Kaisers Wert darauf legen mußte, seine Hoheit und Autorität durch entsprechenden Aufwand zu repräsentieren. Es hatte ihn ohnehin oft genug geärgert, daß der französische König versuchte, ihn durch den Beinamen »Bettelprinz« abzuwerten. Dennoch wurde die Strenge und Steifheit der altburgundischen Etikette in vielerlei Hinsicht gelockert. Das Herrscherpaar war ohnehin noch viel zu jung und unbefangen, um strenge Würde glaubhaft darzustellen. Maria hätte sich zu einer Disziplin dieser Art wohl verstehen können, da sie in diesem, wenn auch gelockerten Milieu höfischer Strenge aufgewachsen war.

Maximilian aber war die Haltung kühler Gemessenheit keineswegs angeboren, und so konnte es nicht verwundern, daß er gelegentlich die sich selbst auferlegten Schranken wie ein ausgelassener Junge übersprang, um aus der Enge des Rituals in die Freiheit zu gelangen. So zierte er eines Tages anläßlich eines Turniers in fröhlichem Übermut seinen Helm mit zwei langen Eselsohren. Karl der Kühne oder Philipp der Gute hätten eine »Zier« dieser Art gewiß als Sakrileg verdammt. Solch dumme Spässe wären mit ihrer Autorität unvereinbar gewesen. Auch gewisse Schaunummern wie das Biegen eines Hufeisens mit bloßen Händen oder den Nachweis seiner Treffsicherheit an den Schießständen der Schützengilden hätten sie nicht gutgeheißen.

An den langen Winterabenden fehlte es nicht an vielfältiger Unterhaltung. Insbesondere die Fastnachttage boten mit Tanz, Ritterspielen und Maskenfesten vielerlei Abwechslung. Dabei erwies sich nicht zuletzt die junge Herzogin-Witwe als lustige und einfallsreiche Gesellschafterin. Im übrigen nahm man sich jetzt ausgiebig Zeit für festliche Mahlzeiten, bei denen auf kostbarem Tafelgeschirr aus Gold und Kupfer erlesene Kräuter, Saucen und Konfitüren gereicht wurden, die eben nur der Hof von

Burgund zu bieten vermochte. Auch das gern gepflegte Schachspiel erhielt eine gehobene Note durch die kunstvoll aus Gold oder Bergkristall gefertigten Figuren. Dabei ließ sich die Herzogin in wenig angenehmer Erinnerung an all die Jahre, da sie im diplomatischen Schachspiel willenlos hin und her verschoben worden war, willig von ihrem Ritter in die Enge treiben und schließlich sogar matt setzen. Weshalb auch nicht, da sie ihn ohnehin besaß? Welche Seligkeit des glücklichen Einvernehmens, selbst wenn man auf dem Schachbrett gegeneinander zu Felde zog!

An anderen Abenden ließ man sich durch die vielseitige Schatzkammer der Hofbibliothek unterhalten und bereichern. Margarete, die mit dem Buchdrucker Caxton, der in Brügge gelernt hatte, in Verbindung stand, diente dabei mit ihrem erfahrenen Rat. Ritter-Aventuren, Stundenbücher oder Troja-Romane standen damals im Vordergrund des Interesses, dazu Anleitungen für die Vogelbeize oder Reiterkämpfe. In diesem Zusammenhang sei erwähnt, daß von der umfangreichen Bibliothek Karls des Kühnen noch heute in Brüssel nahezu 18 000 Bände erhalten sind.

Insgesamt wurde dieser Winter zwischen Brügge und Brüssel zum Inbegriff der Seligkeit. Hatte sie zunächst vornehmlich der Zauber des körperlichen Anreizes für einander eingenommen, so wurde jetzt die gegenseitige Zuneigung noch gesteigert durch die so vielseitige Übereinstimmung der Neigungen. Diese Harmonie bezog auch den Kreis der Pflichten ein, die man über den Vergnügungen nicht vergaß. Dazu gehörte der Gottesdienst, der jedem Tag die Weihe gab, und den man selbst dann nicht versäumte, wenn bereits in aller Frühe die Jagdhörner zum Aufbruch bliesen.

Leider nahmen auch die militärischen Vorbereitungen viel Zeit und Überlegung in Anspruch, denn mit dem Frühjahr 1478 würde man erneut gegen die heimtückisch lauernde »Spinne« zu Felde ziehen müssen. Neue steuerliche Belastungen schienen unumgänglich, zumal sich die Hoffnung, daß Habsburg bzw. das Reich einen gehörigen Anteil beisteuern würde, immer noch nicht erfüllte. Man mußte also auf ein Wiederaufleben auch des innenpolitischen Widerstandes gefaßt sein. Das Herzogspaar bemühte sich, dem entgegenzuwirken durch opferbereite Inanspruchnahme der eigenen Mittel. So wurden zu Beginn des Jahres 1478 unter anderem ein großes goldenes Tablett sowie das Silbergeschirr des Hofes versetzt.

Ungeachtet des Waffenstillstandes ließen Ludwigs Agenten nichts unversucht, um in Stadt und Land die Stimmung gegen das Herzogspaar anzuheizen. Nicht zuletzt schürten sie den seit Jahrzehnten immer wieder aufflackernden Parteienstreit zwischen den sogenannten Hoeks (Angelhaken) und den Kabeljaus in Holland beziehungsweise Seeland. Für den Herzog ergab sich daraus eine schwierige Mission. Er hatte sich in diesen nördlichen Provinzen ohnehin noch nicht sehen lassen und mußte nun die Zeremonie der üblichen Huldigung mit dem Bemühen des Friedensrichters verbinden. Er entledigte sich, von Gent aus scheldeabwärts fahrend, seiner Aufgabe so gut es ging, ohne jedoch einen warmherzigen Empfang registrieren zu können.

Wäre die Herzogin nicht allenthalben so beliebt gewesen, so hätte der Erzherzog schon im ersten Jahr seiner Regentschaft auch im Lande selbst mit erheblicher Opposition rechnen müssen, zumal die Hilfe des Reiches, auf die man gebaut hatte, weiterhin ausblieb. Die Herzogin aber bewies immer wieder ihr Talent, zwischen den Untertanen und ihrem Mann, dem sie weitgehende Handlungsfreiheit ließ, zu vermitteln. Wiederholt setzte sie sich ausgleichend ein, als Städte wie Brüssel und Mecheln dem Herzog Hilfsgelder verweigert hatten. So oft wie möglich begleitete sie ihren Mann, weil sie wußte, daß sich die Stimmung hob, wenn sie dabei war. Überhaupt unterzog sie sich freudig Repräsentationspflichten, mochten sie weltlicher oder auch kirchlicher Natur sein. Je nach Anlaß wußte sie durch Eleganz zu glänzen oder aber sich in schlichter Gewandung unauffällig einzuordnen. Mit frommem Sinn nahm sie an Prozessionen und Wallfahrten teil, demütig dem christlichen Leitsatz folgend, daß vor Gott alle Menschen gleichen Rang haben. Nicht zuletzt bekräftigte sie ihren christlichen Glauben, indem sie den Armen und Invaliden mit Trost und Hilfe beistand.

Brügge, berühmt durch die Heilig-Blut-Prozession, sollte im Frühjahr 1478 abermals Zeuge eines bedeutenden weltlichen Ereignisses werden: Dem Erzherzog wurde die Würde eines Großmeisters des Ordens vom Goldenen Vlies verliehen. Dieser Ehre kam um so größere Bedeutung zu, als sie dem Prestige des Herzogs auch jenseits der Grenzen Auftrieb geben mußte. Die feierliche Handlung fand in der Kapelle der Kirche Saint-Sauveur statt. Die nach der Schlacht von Nancy noch lebenden Ordensritter hatten zuvor ihrem gefallenen Großmeister Reverenz erwiesen. In würdevollem Zug folgten sie durch die Straßen der Stadt dem Streitroß des Herzogs, auf dessen Sattel die verwaiste Kette des Ordensmeisters ruhte. In der Kirche selbst hatten sich neben der Herzogin und Margarete von York zahlreiche Würdenträger eingefunden. Der Bischof von Tournai, Kanzler des Ordens, erinnerte dann in eleganten lateinischen Perioden an den Ursprung, die Geschichte und die Ziele des Ordens. Zum Schluß bat er den Erzherzog, dem Orden neue Anstöße zu geben und als Großmeister zu fungieren, denn ihm allein gebühre als Gatte Maria von Burgunds die Nachfolge. Der Herzog gelobte darauf, die Gesetze des Ordens zu befolgen zur Ehre Gottes, zur Verteidigung des katholischen Glaubens und zur Bekundung ritterlichen Adels. Herr von Ravenstein weihte ihn sodann zum Ritter, während die Trompeten schmetterten und das Volk freudig zustimmte. Darauf begab man sich kurz in die Sakristei, um den goldbestickten Mantel und den scharlachroten Samthut, die Insignien der Ritterwürde, anzulegen. Schließlich schmückte ihn im Chor der Kirche Seigneur de Lannoy, der Doyen des Ordens, mit der goldenen Kette, die zuletzt Karl der Kühne getragen hatte. Erneut tönten Hörner und Trompeten. Maria hörte sie nicht: sie sah nur ihren Vater, wie er in ihrem Gatten wiedererstand.

Doch auch diesmal konnte die Festesfreude nicht voll ausgekostet werden, da Ludwig über Nacht seine Frühjahrsoffensive begonnen hatte und der Geschützdonner Maximilian zu sofortigem Aufbruch nötigte. Eilends begab er sich nach Mons, um dort ein kampfstarkes Heer von rund 18000 Mann aufzubieten. Bunt zusammengewürfelt, rekrutierte es sich aus heimischen Landwehr-Einheiten, Lehnsrittern, städtischen Milizen sowie schottischen, englischen, aber auch deutschen Söldnern.

Nach wechselvollen Gefechten wurde erneut ein Waffenstillstand ausgehandelt, der diesmal sogar ein ganzes Jahr, und zwar von Juli zu Juli, währen sollte. Was die Großkampflage anbelangt, so wurde er tatsächlich eingehalten. Der von Ludwig bevorzugte Kleinkrieg der Partisanen-Tätigkeit, der Meuchelmorde und der verbrannten Erde aber ging wie bisher weiter. Am meisten litt wie üblich das Landvolk. Für den 19jährigen Herzog war diese Art versteckter Kriegsführung aus dem Hinterhalt völlig ungewohnt. Er kannte nur die offene Form der Kampfesweise.

Verehrt als Gattin, Mutter und Regentin

Während sich nun der Herzog im Felde müht, für das allgemeine Wohl zu streiten, strengt sich seine Gattin an einer anderen Front für das Wohl ihrer Länder an, indem sie in ihrer Stadt Brügge am 22. Juni 1478 gegen drei Uhr morgens einem hübschen Sohn das Leben schenkt. Diese Geburt, etwa zehn Monate nach der Hochzeit des Paares, wurde in überschwenglicher Freude begrüßt, handelte es sich doch um den ersten Prinzen des Hauses Burgund, der in Flandern geboren ward. Er erhielt den Vornamen seines Urgroßvaters Philipp. Der Name ist ein Programm, da sein Vorfahr den Einheitsstaat Burgund begründet hatte. Auch er sollte während seiner kurzen Herrschaft zum Baumeister nationaler Einigung werden. Später wird er den Beinamen »Der Schöne« tragen und durch seine Heirat mit der spanischen Prinzessin Juana Habsburg den Weg zur Weltmacht bahnen.

Obwohl man im Kriege war, erinnerte die Taufzeremonie an den Pomp großer Tage. Der Bischof von Tournai nahm die sakrale Handlung in der Kirche St. Donat vor (sie existiert heute nicht mehr). Kaiser Friedrich und der König von England hatten die Patenschaft übernommen. Stellvertretend für sie hielt Margarete von York den Prinzen über das Taufbecken.

Die Taufe war von einem ergötzlichen Zwischenfall begleitet. Französische Agenten hatten das Gerücht ausgestreut, das Kind sei in Wirklichkeit ein Mädchen. Die beherzte Herzogin-Mutter sah sich deshalb beim Verlassen der Kirche veranlaßt, das Kind zu entwindeln, um es mit ausgestrecktem Arm der Menge zu zeigen, die sich dann entsprechend überzeugen konnte.

Unterdes erwartete die Wöchnerin ihren Sprößling im Gemach des Prinsenhofes. Erinnern wir uns, etwa 21 Jahre zuvor hatte ihre treffliche Mutter Isabelle de Bourbon, Gräfin von Charolais, sie selbst in Brüssel zur Welt gebracht. Nun schaute auch sie auf den traditionellen burgundischen Prunktisch mit den kostbaren Schalen. Fünf Stufen (damals nur vier) führten zu ihm empor. Die ehemalige Hofdame Alienor, früher für das Zeremoniell zuständig, wurde dieses »faux pas« fassungslos gewahr. Vor ihrem Gewissen konnte sie es nicht verantworten, diese Rangerhöhung auf fünf Stufen schweigend hinzunehmen. Und so erhob sie mahnend ihren Zeigefinger: Keiner Prinzessin, Gräfin oder Herzogin stehen fünf Stufen zu – außer der Königin von Frankreich! Doch hatte Marie nicht Anspruch auf einen ähnlichen Rang, da sie doch die Gattin eines kaiserlichen Erben ist? Unsere Vestalin der Etikette aber bleibt unerbittlich: Diese fünf Stufen sind ein grober Verstoß gegen eine geheiligte Regel. Ja sie sieht in diesem Mißbrauch, der sich, wie sie ärgerlich vermerkt, auch auf anderen Ebenen vollzieht, eine Verwilderung wohlbedachter Sitten.

Maximilian, der im Feldlager gebunden ist, sieht seinen Sohn erst Wochen nach der Geburt. Viele sind dann Zeuge, wie er als glücklicher Vater, noch mit dem Panzerhemd angetan, absitzt, das Kind in den Armen wiegt und es durch die Straßen der Stadt bis zum Palais Prinsenhof trägt. Das ist ein Schauspiel so recht nach dem Herzen der Bürger von Brügge. Sie griffen darauf trotz der Ungunst der Zeit tief in die Taschen und überreichten dem Vater ein Taufgeschenk von 14000 Goldkronen. Beglückt schrieb der Erzherzog nach Wien, er habe nun einen »Gesellen«. Tatsächlich wurde durch diese Sicherung der männlichen Erbfolge König Ludwig und anderen Widersachern viel Wind aus den Segeln genommen. Im übrigen würden Kaiser Friedrich und der König von England zuverlässigere Paten sein als der ehemalige Dauphin Louis gegenüber seiner »lieben Cousine« Marie.

Die relative Ruhe des Waffenstillstandes kam natürlich auch dem Glück der jungen Herzogsfamilie zustatten. Man fand nun wieder Zeit zu Festlichkeiten, Ritterspielen und Turnieren. In ihrem Buch »Familie Habsburg« schreibt Dorothy Gies McGuigan im Hinblick auf diesen Sommer 1478: »In einer Zeit, da eheliche Liebe in den Palästen nicht nur selten, sondern einfach unmodern geworden war, wurde die aus einer rein politischen Verbindung erblühende tiefe Zuneigung der beiden jungen Leute gleichsam zu einer Legende.« (22) Dieser Liebesbund bekundete sich in jeder Äußerung und Handreichung, und man kam sich zumal nach der langen Trennung um so näher. Wesentlich zur Bereicherung des gemeinsamen Erlebens trugen die schönen Künste bei. So sah mancher Abend das Paar Hand in Hand vor den so erzählfreudigen Gobelins sitzen. Maximilian war diese Art künstlerischer Gestaltung von Wien her weniger vertraut. Entsprechend ließ er sich von seiner Gattin die handwerkliche Technik des Webens und Strickens erläutern. Auch deutete ihm Maria nur zu gern die Thematik der ihr seit Jugend wohlvertrauten Zyklen, allen voran die Troja-Gobelins. Wenn sie darauf einging, hörte der Herzog besonders aufmerksam zu, war doch auch das Haus Habsburg davon überzeugt, sich auf Nachkommen des Königs Priamus zurückführen zu können. Maria mag dabei ohne Widerrede geschmunzelt haben, denn sie wußte sehr wohl, daß es damals durchaus zum guten Ton gehörte, die Genealogien der Fürstenhäuser mit Aeneas, Brutus oder anderen Troja-Flüchtlingen in Verbindung zu bringen.

Doch nicht nur die in Tournai oder Brüssel gefertigten Gobelins regten zum Erzählen an, sondern auch die so tiefgründigen und anschaulichen Gemälde flämischer Meister wie van Eyck, Roger van der Weyden und Hugo van der Goes. Eine fast familiäre Beziehung aber unterhielten sie zu dem Atelier von Hans Memling, der in Brügge wirkte. Wir dürfen heute als ziemlich sicher ansehen, daß dieser große Maler Maria und ihre Mutter Margarete in sein berühmtes Bild »Vermählung der Hl. Katharina« einbezog. Es wurde um 1475 für den Hochaltar des Johannes-Spitals in Brügge gemalt, wo es noch heute zu sehen ist. Verschiedene Experten, darunter Dr. Oswald Rupprecht aus Brügge sind der Überzeugung, daß sich in Katharina die Züge der Herzogin (damals Prinzessin) und in Barbara die der Margarete von York widerspiegeln. Auf dem Bilde sehen wir Katharina in prächtig gestickter Gewandung, mit einer Krone auf dem Haupt, wie sie dem Jesusknaben ihren Brautfinger reicht. Der Gesichtsausdruck ist überaus zart und innig. Man könnte die Ähnlichkeit mit Maria von Burgund bekräftigen durch den Hinweis auf ein Gemälde im Kunsthistorischen Museum zu Wien, das Niklas Reiser zugeschrieben wird und gleichfalls eine Profilansicht der Prinzessin zeigt. (Vgl. Abb.)

Im übrigen ist es schwierig, Marias Aussehen zuverlässig zu dokumentieren, da kein nennenswertes zeitgenössisches Porträt von ihr existiert. Es gibt allerdings, wie bereits angedeutet, mehrere Staatssiegel, die Maria zu Pferde, mit dem Falken auf der Hand, zeigen. Sie sind jedoch nicht geeignet, uns ein photographisch getreues Bild der jungen Herzogin zu vermitteln, ebensowenig wie die Medaillen, die nur als Brustbild gelten können. Immerhin gibt uns Memlings Gemälde einen guten Anhalt, der auch übereinstimmt mit Berichten, sie sei wie ihr Vater zwar relativ klein, doch von harmonischer Statur gewesen. Alle sind sich auch einig in dem Prädikat: überaus liebenswürdig (gente et mignonne – so Molinet) und anmutig (gracieuse). Sie besaß, wie es an anderer Stelle heißt, »des grâces naturelles qui la faisoient aimer«. Daß sie jedoch abgesehen von der liebenswerten Grazie, die auch bei Memling zum Ausdruck kommt, ihrer ganzen Erscheinung nach bezaubernd war, beweist die spontane Faszination, die sie auf den Prinzen Maximilian bei der ersten Begegnung ausübte. Für ihn ist sie die schönste Frau, die er je gekannt hat. Selbst wenn man den beschönigenden Blickwinkel des Verliebten in Betracht zieht – auch das Erbgut läßt auf eine ansprechende Erscheinung schließen. So wird Maries Mutter als ausgesprochene Schönheit gerühmt, auch ihr Vater galt als stattlich, und schließlich erhielt ihr Sohn wohl nicht zu Unrecht den Beinamen »der Schöne«.

Memlings Barbara andererseits (für den Betrachter zur Rechten der Madonna) wird mit Margarete von York in Beziehung gebracht. Von ihr existiert ein zeitgenössisches Gemälde in Paris, das Memling zugeschrieben und seitens der Experten zum Vergleich herangezogen worden ist. Die junge Herzogin-Mutter gilt in der Tat als sehr stattliche und hübsche Frau, die auch in ihrer Wesensart, wie wir wiederholt betonen durften, überaus anziehend gewesen sein muß. Wir sehen sie hier mit einem regelmäßigen, ovalen Gesicht und einer schönen, klaren Stirn. Sie verkörpert in diesem Andachtsbild die distanzierte Hoheit der englischen Lady. Diese strenge Reserve aber ließ sich, wie wir wissen, gelegentlich auch mit fröhlichem Überschwang in Einklang bringen. (Maximilian an Prüschenk: »unser mutter ist eine feine schöne fraw und vast lustig und gut«). Wir werden später noch mehr von Margarete und ihren Verdiensten hören.

Ein paar Worte noch zu Hans Memling. Er stammte aus Mainfranken. In einer allerdings fragwürdigen Chronik heißt es, er habe mit Karl dem Kühnen bei Nancy gefochten und sei verwundet nach Brügge gekommen, wo er im Johannes-Spital gepflegt wurde. Wie dem auch sei, er hat viele Jahrzehnte in Brügge gelebt und gewirkt. Er war sehr erfolgreich und zählte zu den wohlhabendsten Bürgern der Stadt. Seine Gemälde bestechen durch die geschmackvolle Anordnung und den harmonischen Zusammenklang der Farben.

Dazu sei ein Abschnitt aus Domkes Flandern-Buch zitiert:

»Wir wissen heute, daß die beiden Heiligen (Katharina und Barbara) Porträts der Maria von Burgund und ihrer Stiefmutter Margarete von York darstellen. Welche zauberhaften Frauengestalten, wie wundervoll ihr Sitzen, welche reinen, weichen Gesichter, die doch von einer ganz bestimmten inneren Haltung durchlebt erscheinen.« (10)

Die den Künsten und dem Tête-à-tête geweihten Monate verflogen allzuschnell, denn König Ludwig schaltete sich mit erneutem Störfeuer ein. Das französische Heer brach nämlich im Sommer 1479 in die Picardie ein. Dort trafen am 7. August die gegnerischen Streitkräfte bei dem Dörfchen Guinegate aufeinander. Hier nun zeigte sich, daß der Erzherzog auch als umsichtiger und tapferer Feldherr seinen Mann zu stehen wußte. Zunächst deutete vieles auf einen leichten Sieg der unter dem Befehl des Überläufers d'Esquerdes stehenden Franzosen. Die burgundische Reiterei wird überrannt. Der Herzog aber sitzt ab und kämpft zu Fuß inmitten seiner Bürgerwehr. Sein beispielhafter Einsatz reißt die Männer mit, so daß schließlich ein eindeutiger Sieg erfochten wird. Viele seiner Edelleute hatten in den vordersten Reihen mitgekämpft. Entscheidend aber war, daß ihm die flämischen Milizen von Gent, Brügge, Ypern und Courtrai treu zur Seite standen. Ein neuer Waffenstillstand beendete den Feldzug, und der Herzog konnte als strahlender Sieger, der sein Ansehen erheblich gefestigt hatte und nun auch von Ludwig ernst genommen wurde, heimkehren.

Maria hatte ihn diesmal nicht begleitet, da sie ihr zweites Kind erwartete. Nicht selten aber war sie ihrem Gemahl gefolgt, wenn er in den Kampf zog. Im »Weißkunig« wird berichtet, daß sie ihn auf Anraten von Freunden gelegentlich von allzu leichtsinnigen oder riskanten Unternehmungen abhielt: »Da der jung weyß kunig sich ganz zum slagen berait het, da gieng er zu der jungen kunigin und wolt von ir urlob nemen. da ward er bey ir verspert, und sy behielt ine also bey ir, das er beleiben muesset, und schigket nach den hauptleuten, die kamen. Dieselben redten mit dem jungen kunig sovil, das er diser zeit das fechten an solt lassen steen... da gab er also nach...«

In den folgenden Monaten gewann die französische Armee wieder die Oberhand. Insbesondere ist es der erneut aufflackernde Partikularismus der flandrischen Städte, der Maximilians Strategie erschwert. So weigern sich die Generalstaaten, dem Herzog beizustehen, als Ludwig in Luxemburg einfällt. Diese Provinz, so betonen sie, sei nur ein lästiges Anhängsel der Grafschaft Burgund.

Im übrigen kommt es immer wieder zu Geplänkeln mit den Generalstaaten, weil diese sich übergangen fühlen. Schon Karl der Kühne hatte, wie wir uns entsinnen, manch entwürdigende Zwangslage hinnehmen müssen, wenn es um die Bewilligung der für die Kriegführung notwendigen Gelder ging. Noch weniger war der junge Erzherzog diesem innenpolitischen Nervenkrieg gewachsen. Selbst Abrechnungen auf Heller und Pfennig blieben ihm nicht erspart. Neuerdings wurden sogar die Ausgaben seines Hofstaates kontrolliert, und man verlangte, daß er eine gewisse Anzahl von Höflingen entlasse, die, wie es heißt, ihm nur in den Ohren lägen, um ihre Pension zu erhalten. Auch wollte man durchsetzen, daß am Hof nur noch flämisch und nicht wallonisch gesprochen werde.

Enttäuschend war auch, daß der Reichstag, der im Oktober 1479 in Nürnberg zusammentrat, sich nicht zu einer Hilfeleistung »zur Erhaltung der Niederlande beim Heiligen Reich« entschließen konnte. Wieder wurde geltend gemacht, diese Sorge betreffe allein Habsburg. Daß bei dieser Einstellung sich auch die flandrischen Generalstaaten immer zugeknöpfter zeigten, ist verständlich. So blieb nur der Ausweg, den Ausverkauf des burgundischen Hausschatzes fortzusetzen. Diesmal geriet ein Teil der Gemäldesammlung unter den Hammer, und zwar trennte sich das junge Paar schweren Herzens von 32 flämischen Meisterwerken. Sie wurden an die Medici-Bank in Brügge verpfändet in der Erwartung, daß ein späterer Rückerwerb möglich sei. Doch schon bald wanderten einige der besten Gemälde auf Nimmerwiedersehen nach England ab.

All diese Enttäuschungen aber können dem Eheglück keinen Abbruch tun. Am 10. Januar 1480 wird der Bund Burgund – Österreich durch eine gesunde Tochter gesegnet. Wie ihre Mutter schlägt sie erstmals die Augen auf im Palais Coudenberg zu Brüssel. Auch diesmal künden alle Glocken das frohe Ereignis. Die Taufe des Mädchens, das einmal den Beinamen »tante de l'Europe« tragen wird, findet in der soeben vollendeten Kirche St. Gudula statt. Es ist das gleiche Gotteshaus, dessen Glasfenster später die Geschichte des Hauses Habsburg erzählen werden. Niemand konnte daran zweifeln, daß dieses Mädchen nach Margarete von York benannt würde, der viel-geliebten belle-mère Marias. Andererseits vermochte niemand vorauszusagen, daß sich auch diese Margarete dereinst als selbstlose Beraterin und Stütze des Reiches bewähren würde. Besonders ihr Neffe Kaiser Karl V. sollte allen Anlaß haben, diesen Geburtstag in Ehren zu halten.

Nun hatte man also auch gegenüber Brüssel das Soll einer erlauchten Tauffeier erfüllt, und die zum Quartett aufgebesserte junge Familie war nun wieder freizügig. Erneut sollte in diesem Winter ein friedliches Eheglück beschieden sein. Maximilian hatte sich als Heerführer bewährt, und es war nun an der Zeit, sich neben den militärischen auch anderen Aufgaben zu widmen. So kümmerte er sich um den Ausbau der Handelsstraßen, um die Vereinheitlichung von Münzen, Maßen und Gewichten sowie die Regelung von Zöllen und Abgaben. Auch stand die Erweiterung des Hafens von Antwerpen auf dem Programm. Insgesamt war er darauf bedacht, sich durch persönliche Besuche in Stadt und Land mit den wirtschaftlichen, politischen und sozialen Eigenarten der einzelnen Provinzen vertraut zu machen. Dabei bügelte er manch unglückliche Entscheidung, die vom Grünen Tisch aus getroffen war, durch kompromißbereite und bürgernahe Einstellung an Ort und Stelle wieder aus. In dieser Hinsicht war ihm Maria stets aufs neue die beste Lehrmeisterin. Sie wußte aus Erfahrung, daß sich mit Freundlichkeit und maßvollen Zugeständnissen mehr erreichen läßt als mit autoritärer Unerbittlichkeit. Das Geschick ihres Vaters stand ihr als stete Mahnung vor Augen.

Gleichwohl gelangte der Erzherzog nach dreijähriger Regierungserfahrung immer mehr zu der Erkenntnis, daß nur eine straffe, auf das Ganze gerichtete Politik, wie sie sein Schwiegervater praktiziert hatte, den Staat Burgund retten konnte. Auf die Dauer würde es nicht möglich sein, der Bedrohung durch Ludwig standzuhalten und eine langfristige Strategie zu entwickeln, wenn jede Maßnahme und finanzielle Aufwendung vom Wohlwollen der Generalstaaten abhing. Auch im Hinblick auf seine Gemahlin tat es ihm weh, immer wieder das burgundische Privatvermögen in Anspruch nehmen zu müssen. Um den hohen Aufwand für den Unterhalt der Truppen zu bestreiten, hatte man sich erneut genötigt gesehen, eine überaus kostbare Schale aus der herzoglichen Sammlung einem in Brügge ansässigen Florentiner Händler zu verkaufen. In dieser kritischen Lage erwies sich Margarete von York einmal mehr als Nothelferin. Sie sprach bei ihrem Bruder in London persönlich vor und erreichte dort, daß Maximilian unverzüglich 1500 der berühmten englischen Bogenschützen zugeführt wurden. Auch die Besoldung übernahm der König.

Im Herbst 1481 wurde der Herzogin erneut Mutterglück zuteil, und zwar gebar sie am 2. September ihr drittes Kind. Es wurde, wiederum in der Kirche St. Gudula zu Brüssel, durch den Bischof von Cambrai auf den Namen François getauft. Pate war Herzog Franz von der Bretagne, den man als Bündnispartner schätzte. Doch das Familienglück sollte nicht lange währen, da das schwächliche Kind schon wenige Tage nach der Geburt starb. Dieser Verlust ging insbesondere der jungen Mutter sehr nahe. Auch die Bewohner von Brüssel bekundeten auf vielfältige Weise ihre Anteilnahme. Bald darauf suchte sie dann der von Trauer bestimmten Atmosphäre des Palais Coudenberg zu entgehen, indem sie sich zu einem »Staatsbesuch« in der

Grafschaft Hainaut entschloß. Am 7. November zog sie feierlich in Mons ein, der Stadt, die sie vor Jahren anläßlich ihrer Evakuierung aus Gent so freundlich beherbergt hatte.

Auch diesmal wurde sie überschwenglich gefeiert (»follement ovationnée par les bourgeois«). Später kehrte sie dann in ihre gute Stadt (»bonne ville«) Brügge zurück. Die Ablenkung durch diese Reise, ihre christliche Ergebung in schicksalhafte Bestimmung und nicht zuletzt das Wiedersehen mit den ihr verbliebenen zwei Kindern halfen ihr, über den Schmerz des Verlustes allmählich hinwegzukommen. Auch die Stadt Brügge unterließ nichts, um sie durch vielerlei Sympathie-Kundgebungen auf andere Gedanken zu bringen. Dazu trugen nicht zuletzt die winterlich schimmernden Teiche und Wiesen der Umgebung bei: das ideale Übungsfeld für ihre eissportliche Begabung. Und wiederum war es eine Augenweide, ihr zuzuschauen, wie sie ihre Kreise zog »avec une grâce et une légereté délicieuses« (graziös und federleicht).

Was ihren Sohn Philipp anbetrifft, so sei hier eine Episode festgehalten, die den erst Dreijährigen als bereits recht eigenwillig ausweist. Vater Maximilian hatte das 14. Kapitel des Goldenen Vlieses in die Kathedrale von Bois-le-Duc einberufen, um die Haltung einiger Ordensritter zu überprüfen. Dabei wurden vier in absentia für schuldig befunden, gegen ihren legitimen Prinzen Hochverrat begangen zu haben. Philippe de Crève-Coeur hatte seine Verwegenheit sogar so weit getrieben, dem Erzherzog offen den Krieg zu erklären. Daraufhin ließ man sein Wappenschild aus dem Chor entfernen und, auf den Kopf gestellt, an einer der Kirchentüren anbringen, um ihn so für immer zu brandmarken.

Sodann wurde den Satzungen gemäß Lebensweise und Moral der anwesenden Ordensritter zur Diskussion gestellt, wobei auch der Erzherzog Rede und Antwort zu stehen hatte. Schließlich beriet man über die Neubesetzung von vakanten Stellen. Eine davon wurde einstimmig Maximilians Sohn zugesprochen. Der kleine Prinz war bereits anwesend, ohne allerdings zu ermessen, was auf ihn zukam. Er mußte nämlich, bevor er in den Orden aufgenommen wurde, zunächst zum Ritter geschlagen werden. Diese Handlung war Seigneur de Ravenstein zugedacht, und zwar hatte er zu Beginn der Zeremonie mit dem Rücken seines Schwertes einen leichten Schlag auf die Schulter des Knaben zu versetzen. Doch kaum hatte er angesetzt, als auch der junge Prinz das kleine Schwert, das er an der Seite trug, blank zog, als wollte er sich eines Angriffs erwehren. Offenbar hatte man ihn zuvor mit den Bräuchen, die beim Ritterschlag üblich sind, nicht vertraut gemacht. Jedenfalls zeigte er bei der Handhabung seines Minischwertes soviel Eleganz und Frische, daß alle Anwesenden ihre Freude daran hatten und diesen Vorfall als ein glückliches Omen ansahen. Insbesondere war Vater Maximilian stolz auf diese so forsche Reaktion seines Sohnes. Auch Mutter Marie war schmunzelnd Zeuge dieser Begebenheit gewesen.

Während sich dies in Bois-le-Duc zutrug, erreichte der Getreidepreis in ganz Flandern eine ungeahnte Höhe. In Brügge setzten die Behörden deshalb einen Höchstpreis fest. Die Bauern rebellierten. Vier der Unruhestifter wurden festgesetzt.

Maria hatte sich nach dem Tod ihres dritten Kindes wieder gefangen. Davon abgesehen wollte sie Maximilians Freude an geselligen Belustigungen und Wettkämpfen nicht im Wege stehen. Dem Aufruf zur Jagd folgte sie nur zu gern; an den von Maximilian so geschätzten Turnieren aber konnte sie als Dame nicht aktiv teilnehmen. Längere Zeit hatte der Erzherzog auf dieses Vergnügen verzichten müssen. Am 10. Februar 1482 aber ließ er durch seine Herolde zu einem großen Lanzenstechen aufrufen. Er selbst war ein Meister in der Ausübung dieses Kampfsports, der oft mit äußerster Härte ausgefochten wurde. Nicht wenige seiner Gegner hatte seine Lanze todwund zu Boden gestoßen.

Das Turnier fand auf dem Marktplatz in Brügge statt – unter voller Prachtentfaltung burgundischer Tradition. Bevor der eigentliche Kampf begann, suchte man sich wie auf einer Modeschau durch farbenprächtige Eleganz in der Gunst der Damen auszustechen. Auch die Pferde wurden entsprechend aufgezäumt, wobei man die Schabracken als auffälligen Blickfang besonders herausputzte. Jedenfalls wurde an Gold- und Silberbrokat nicht gespart.

Natürlich wetteiferten auch die Damen auf diesem modischen Laufsteg der Frühjahrssaison 1482. Im Vordergrund standen die neuesten Creationen der »Houppelande« genannten Festkleider. Darunter hat man ein mantelartiges Übergewand zu verstehen, das reich verziert und mit kostbarem Pelzwerk besetzt ist. Man zählte an diesem Tage nicht weniger als 13 Modell-Varianten. Besonders gefiel eine Houppelande mit großen offenen Ärmeln aus schwarzem Sammet, karmesin, grün und weiß gemustert sowie mit goldenem Blattwerk durchwirkt. Eine andere war aus feinem Brüsseler Tuch in hochrotem Scharlach gearbeitet, gefüttert mit Hermelin. Als eigentlicher Blickfang aber glänzte die junge Comtesse Mirabelle. Sie präsentierte sich zu Pferde in einer Houppelande aus karmesinrot gemustertem Atlas mit kostbaren Perlenstickereien. Als neuartigen Effekt aber bewunderte man den Besatz aus grau-weiß gewürfeltem Fehpelz (menu vair). Dabei handelte es sich, wie man erfuhr, um den Pelz des nordischen Eichhörnchens, dessen Rücken im Winter grau-blau wird. Das Bauchfell jedoch bleibt während des ganzen Jahres weiß und wird dann alternativ mit dem grauen Rückenfell verarbeitet. Auch der Prunksattel, auf dem Mirabelle thronte, hatte seinen besonderen Reiz: er war mit Goldbrokat überzogen und mit Fransen aus weißer und blauer Seide verziert. Dazu passendes Zaumzeug, mit Tuch verbrämt. In der Rechten wippte eine Reitgerte aus Kristall, an beiden Enden mit vergoldetem Silber und Perlenknäufen garniert, in einer seidenen Quaste endend.

Auch Marie war entzückt. Neidlos erkannte sie Mirabelle die Siegespalme in diesem »concours d'élégance« zu. Wer aber ahnte, daß dies der letzte öffentliche Auftritt der jungen Herzogin sein würde. Strahlend und anmutig wie eh und je überreichte sie die Kampfprämien. Auch der Ritter ihres Herzens beugte vor seiner Herzensdame das Haupt, um den Lorbeer zu empfangen. Nahebei in der Cranenburg aber wartete schon der Tod auf ein blühendes Leben.

Doch noch hatte man Grund, frohgestimmt zu sein, so am Rosenmontag, dem 17. Februar 1482. In den Straßen wogte ein ausgelassenes Völkchen um so übermütiger, als am Vortage eine ganze Schiffsladung Getreide aus Köln eingetroffen war. Abends fand dann auf Einladung der Stadt Brügge ein Bankett zu Ehren des Herzogspaares sowie der Herzogin-Mutter statt, bei dem die beiden Damen sich lebhaft erinnert fühlten an die Hochzeitsfeierlichkeiten 14 Jahre zuvor.

Schmerzlicher Abschied

Wenige Tage später trat nun jenes Verhängnis ein, das dem trauten Glück der herzoglichen Familie und dem burgundischen Staat einen harten Schlag versetzen sollte. Maximilian hatte die Städte Saint-Omer und Bergues-Saint-Winoc besucht und war nun auf dem Heimweg zu seiner Frau, die ihm mit großem Gefolge zur Begrüßung entgegenkam. Freudig bewegt von diesem herzlichen Willkomm, schloß er sie in seine Arme mit dem Versprechen, ihr auf der Stelle einen Wunsch zu erfüllen. Marie aber durchpulste schon seit Tagen heitere Vorfrühlingsstimmung, und so gab es für sie kein langes Bedenken: Auf, auf zum fröhlichen Jagen!

So sieht man am frühen Morgen des 6. März eine beschwingte Jagdgesellschaft zum Tor von Sainte-Croix hinausreiten. Die Bürger winken freudig zu, denn sie lieben ihre Herzogin in der Frische ihrer sportlichen Erscheinung: wie sie im lindgrünen Reitdreß elegant zu Pferde sitzt, mit dem Falken auf samt-gefütterter Hand und dem treuen Windspiel zur Seite. Charmant lächelnd erwidert sie den Gruß ihrer Landeskinder. Sie würden dieses frohe Lächeln ihrer Prinzessin nicht vergessen, denn es sollte sich nicht wiederholen.

Etwa 20 km südlich von Brügge liegt das Schloß Wynendaele. Dort sammelt sich die Kavalkade, um sodann in das Moor von Bienzenbosch auszuschwärmen. Einige Reiter, der Herzog an der Spitze, preschen voraus, um das Wild aufzustöbern. Ein Tag wie geschaffen zur Jagd. Die Sonne hat die Starre des Eises gebrochen, die ersten Triebe regen sich, und ein wunderlicher Vorfrühlingsglanz liegt über dem leicht gewellten Land. Auch die Pferde sind ganz erfüllt von dem frohen Erleben, nach der Stallruhe trüber Winterwochen den Hufen freien Lauf zu lassen. Maria, beschwingt im Rhythmus des schon dampfenden Pferderückens wiegend, überläßt sich beglückt dem mitreißenden Schwung der Jagd. Da fliegt vor ihr aus sumpfigem Gehölz ein stattlicher Reiher auf, flugs gibt sie ihren Falken frei, wie gefesselt seine Flugkunst im Spiel mit der Beute verfolgend. Ihr Blick ist zum Himmel gerichtet, dem sicheren Tritt ihres Pferdes vertrauend. Doch da legt sich plötzlich ein versteckter Baumstumpf in den Weg! Ihr Zelter stolpert und wirft seine Reiterin in vollem Lauf kopfüber zu Boden. Dabei kommt die Herzogin so unglücklich zu Fall, daß sie wie reglos liegen bleibt.

Die Herren ihres Gefolges waren starr vor Schrecken, als sie eintrafen. Sie drängten sich um sie und erkannten, daß sie zwar lebte, aber bewußtlos war. Sie versorgten sie, so gut wie möglich, und brachten sie mit äußerster Vorsicht zu einem Haus in der Nähe, wo man sie auf Kissen an einem wärmenden Kaminfeuer bettete. Inzwischen war der Herzog eingetroffen – untröstlich bei dem Anblick, der sich bot. Als Maria seine Stimme hörte, kam sie wieder zu sich. Sogleich war sie darauf bedacht, die schmerzhaften Folgen des Sturzes abzuschwächen, um ihren treuen Gemahl nicht zu ängstigen: »Seigneur, calmez-vous, je vous prie, cet accident n'aura peut-être pas de suite... Bitte ängstige Dich nicht, dieser Unfall wird wohl keine Folgen haben. Am besten bringt man mich in einem Wagen nach Brügge.«

Dort im Prinsenhof wandten die Ärzte ihre ganze Kunst auf, um ihr zu helfen. Doch sie konnten nur Linderung verschaffen, denn offenbar hatte sich die Herzogin ernste innere Verletzungen zugezogen, mit Komplikationen durch vermutliche Schwangerschaft. So war ihr Krankenlager überaus schmerzhaft. Dennoch trug sie ihr Geschick – Wochen hindurch – tapfer und ergeben. Mit vollem Bewußtsein stellte sie sich auf den nahenden Tod ein. Drei Tage zuvor bat sie ihren Gemahl, er möge die ranghöchsten Herren des Hofes sowie die Ritter des Goldenen Vlieses zu ihr rufen. Mit bewegenden Worten beschwor sie die um ihr Lager Versammelten, im Falle ihres Ablebens dem Eid, den sie ihrem Herrn geleistet hatten, treu zu bleiben und sich wie Brüder gegenseitig behilflich zu sein. »Erweisen Sie sich immer als Freunde Maximilians und meiner Kinder: Das ist mein letzter Wunsch, mein letztes Gebet!« Mit Tränen in den Augen sicherten die Ritter dies zu. Zuvor hatte Maria testamentarisch ihre beiden Kinder zu Erben ihrer gesamten Besitzungen eingesetzt; ihrem Gemahl aber hatte sie die Regentschaft bis zur Volljährigkeit ihres Sohnes Philipp übertragen.

Ärzte und andere Heilkundige standen unterdes ratlos um das Krankenlager. Innere Blutungen waren nach dem damaligen Stand der Medizin nicht zu beheben. Jetzt konnte nur noch der Himmel eine Wende bringen. In allen Kirchen wurden deshalb Bittgottesdienste angesetzt – mit der Heilig-Blut-Prozession, an der sie selbst so manchesmal barfüßig teilgenommen hatte, als Höhepunkt.

Brügge war in diesen Tagen wie verwandelt. Noch Tage zuvor hatte ausgelassener Mummenschanz die Straßen und Plätze der Stadt mit überschäumender Freude erfüllt. Nun aber waren dieselben Menschen in inbrünstigem Gebet um ihre Heiligtümer vereint, die Genesung ihrer geliebten Fürstin erflehend. Auch Maximilian begab sich aus dem Krankenzimmer, das er seit Tagen nicht verlassen hatte, um an der Prozession teilzunehmen.

Für wenige Stunden richtete sich die Hartgeprüfte noch einmal auf. Dann aber spürte sie, daß die Stunde, da Gott sie heimrufen würde, nahte. Noch einmal berief sie ihre Familie sowie die Ordensritter in ihr Krankenzimmer. Behutsam wurden ihre Kinder von Madame la Grande an ihr Bett geführt, vor dem ihr Vater schmerz-versunken kniete. Kaum vernehmbar spricht sie nun: Meine Herren, ich fühle, daß ich sterben werde, bevor der Tag sich neigt. Ich hoffe des ewigen Glückes teilhaftig zu werden, und so verabschiede ich mich: »Adieu donc, à vous le premier, duc Maximilien!« Ihr erstes Gottbefohlen dachte sie also ihrem Gemahl zu. »Ach!«, so fügte sie hinzu, »wir werden bald voneinander scheiden müssen! Adieu, Philippe, adieu Marguerite – bald werdet Ihr Waisen sein! Ihr verliert Eure Mutter vorzeitig; aber ich muß mich dem Geschick beugen und denen folgen, die mir im Grabe vorangegangen sind.« Und nachdem sie sich dann an jeden einzelnen der umstehenden Ritter gewandt hatte, schloß sie mit den Worten: »Sie verlieren vorzeitig ihre Herzogin; aber gegen den Tod gibt es kein Heilmittel. Meine Herren, bitte verzeihen Sie mir, wenn ich Ihnen jemals Verdruß bereitet habe.«

Diese letzten Worte waren kaum noch vernehmbar. So geschwächt war ihre Stimme. Der Bischof von Tournai ließ dann eine geweihte Kerze anzünden. Angstvolle

Augenblicke folgten. Nach Empfang der Sterbesakramente öffnete Maria ein letztes Mal die Augen, um Worte des Abschieds zu flüstern, die dann ausklangen: »O Dieu! Prenez pitié de moi et recevez mon âme dans votre sein!« O Gott, hab Erbarmen mit mir und nimm meine Seele bei Dir auf!

Am 27. März gegen 11 Uhr abends schied sie sodann aus dieser Welt, im Alter von 25 Jahren, 1 Monat und 14 Tagen: »la très illustre princesse dame Marie de Bourgogne, par la grâce de Dieu archiduchesse d'Autriche (Erzherzogin von Österreich), duchesse de Bourgogne, de Lothier (Lothringen), de Brabant, de Lembourg, de Lucembourg et de Gheldre, comtesse de Flandre, d'Artois, de Bourgogne, palatine de Haynau (Pfalzgräfin des Hennegaus), de Hollande, de Zélande, de Namur et de Zutphen, marquise de Saint-Empire (Markgräfin des Heiligen Reiches), dame de Frise, de Salins et de Malines.«

Maximilian ist fassungslos vor Schmerz. Er spürt den ganzen Kummer eines Mannes, der seine zärtlich geliebte Gattin verloren hat. Es wird berichtet, daß er über diesen Verlust nie hinwegkam, und daß er, so oft man auf Maria zu sprechen kam, die Tränen nicht zurückhalten konnte (»Maximilianus per omnem vitam cum de ea mentionem inferret, aut fieri audiret, a lacrymis aut suspirio abstinere non potuerit« – Annales des Ducs de Brabant). »Der jung kunig trueg gross laid um seinen gemahl, dann sy heten an ainander gar lieb gehabt.«

Beweint und unvergessen

Wie ein Lauffeuer durcheilte die Todeskunde die Lande Burgunds: »La Dame est morte!« In der Tat, sie war eine Dame im vornehmsten Sinne des Wortes. Mit Tränen in den Augen begegneten sich die Leute in den Straßen. Der Tod der geliebten Herzogin einte die Herzen. Ja, ihr Tod wurde nach dem Wort eines Chronisten zum Brückenbogen des Landes (»l'arche du pays«).

Man schritt zur Einbalsamierung und legte ihr die schönsten Kleider an. Dann bettete man sie in ein Meer von Blüten, die Hände auf der Brust gefaltet, als ob sie eingeschlafen wäre. Auch im Tode wirkt sie heiter und gefaßt so wie einst im Leben. Drei Tage lang defiliert die Bevölkerung vor der sterblichen Hülle. Manchmal unterbricht ein Schluchzen die nur vom Gebet beseelte Stille. Selbst hartherzige Männer stehen ergriffen vor diesem übernatürlich verklärten Antlitz.

Am 3. April 1482 fand dann die Beisetzung statt. Aus allen Himmelsrichtungen waren die Untertanen nach Brügge geeilt. Insgesamt sollen nicht weniger als 15 000 Menschen die geliebte Herrin zur letzten Ruhestätte in der Liebfrauenkirche begleitet haben. Aufgebahrt war sie auf dem Wagen, der bereits bei der aufwendigen Hochzeit ihrer Großeltern gedient hatte – symbolhaft kündend, daß für den gläubigen Christen auch der Tod Seligkeit verheißt entsprechend Marias Abschiedsworten: Ich hoffe des ewigen Glückes teilhaftig zu werden. Auf dem Sarg lag die goldene, mit Edelsteinen besetzte Krone. Die Quasten des deckenden Tuches hielten, in Ehrfurcht verbunden, der Markgraf von Brandenburg, der Markgraf von Baden, der Prinz von Oranien sowie der Marquis von Briane.

Eröffnet hatten den Trauerzug zwölf Wappenherolde. Ihnen schlossen sich Jung und Alt aus allen Bevölkerungsschichten an. Viele arme Leute hatte man schwarz eingekleidet und mit brennenden Fackeln ausgestattet. Mönche im wechselnden Farbspiel der Kutten und Nonnen unter ihren hellweiß gestärkten Hauben hellten den allzusehr auf Moll gestimmten Ton auf – nicht minder die hellen

Stimmen des Knabenchors der Hofkapelle. Allenthalben spürte man, daß die Gebete und Gesänge, die spontan oder gelenkt zum Himmel emporstiegen, mehr waren als eine fromme Übung. Unmittelbar hinter dem Sarg schritten der Erzherzog mit seinem Sohn Philipp als jüngstem Ordensritter. Ihnen folgten sechzehn Grafen und Bannerherren sowie die Nobilität des Hofes in langen Mänteln und schwarzen Klagekappen, sodann nicht weniger als fünfhundert adelige Damen, die Pagen des Prinzen, die Ritter und Schildknappen, die Behörden der Stadt, die Mitglieder der Zünfte, die Handelsmissionen auswärtiger Staaten. Spalier bildeten die Bettelorden, die Kanoniker von St. Donat, der Klerus und die Kinder der Schule Bogaerde. Insgesamt war das Trauergefolge so zahlreich, daß längst nicht alle in der Kirche Unserer Lieben Frau Platz fanden.

Nun wurde der Sarg, umrahmt vom Schein unzähliger Kerzen, im Hochchor aufgestellt. Die feierlichen Exequien zelebrierte der Bischof von Tournai. Er hatte mit der Verstorbenen auch die letzten Gebete gesprochen. Hier in der Kirche aber intonierte die Hofkapelle für sie ein bewegendes »Requiem«. Als es verklungen war, ließ der Bischof den Sarg aufnehmen und in der Gruft beisetzen, die zu diesem Zweck im Chor der Kirche gegenüber dem Hauptaltar angelegt worden war.

Maximilian war unter der Last tiefsten Leides gebeugt.

Der Trauerzug verließ dann die Kirche in gleicher Reihenfolge wie bei dem Hinweg, um sich zum Schloß zu bewegen, wo ein Trauermahl bereitet worden war, in dessen Verlauf man Lebensmittel unter den Armen verteilte.

Auch am folgenden Tage drängte sich die Menge vor den Portalen des Schlosses. Jeder erhielt ein Geldstück mit der Bitte um ein Gebet für die Seelenruhe der verstorbenen Fürstin. Viele bewahrten es als Erinnerung an ihre »princesse adorée«.

So war Maria mit einem Trauerzeremoniell, wie es Europa nur selten wieder erlebte, zu Grabe getragen worden. Doch diese Grablege war weit mehr als nur höfische, der Tradition verpflichtete Form. Sie war die tiefempfundene Verehrung für eine Dame par excellence, für eine junge Frau, die in schwieriger Zeit mit Mut, Demut und Anmut die Liebe der Bevölkerung gewonnen hatte. Zugleich darf man in ihr eine vorbildliche Repräsentantin höfischer Kultur sehen, denn sie vereinigte in sich das beste Erbe burgundischer Tradition: Kunstsinn, Ritterlichkeit, Eleganz, Frömmigkeit, Bescheidenheit... Nicht zuletzt war diese Huldigung wohl auch ein ahnungsvoller Vorgriff auf ihre Bedeutung als Ahnfrau eines weltumspannenden Imperiums.

Maximilians Bürde

Wie innig Ritter Maximilian seine Prinzessin Marie tatsächlich geliebt und verehrt hat, wurde, wenn es noch eines Beweises bedurfte, vollends nach ihrem Tode offenkundig. Der sonst so tatenfrohe Erzherzog vergrub sich ganz in seine Trauer – ungeachtet einer politischen Situation, die nur mit schlagfertiger Reaktion zu meistern war. Mehr und mehr mußte er erfahren, daß der bisherige Zusammenhalt Burgunds weitgehend dem Ansehen Marias zu verdanken war. Zwar hatte man ihn, den Sohn des Kaisers, damals mit offenen Armen empfangen. Inzwischen aber war allzu deutlich geworden, daß die seitens des Reiches erwartete Hilfe ein Wunschtraum blieb. So wurde er zusehends zum Fremdling degradiert, wenn nicht gar zum Ausbeuter im Interesse seiner Hausmacht. Damit war das burgundische Erbe Habsburgs einer doppelten Belastung ausgesetzt, denn Frankreichs Ansprüche fanden in den aufsässigen Niederlanden immer stärkeren Rückhalt.

Maria hatte in ihrem Sterbezimmer die Ordensritter auf die Treue zu ihrem Gemahl vereidigt. Wichtiger aber wäre ein Versprechen der Stände gewesen, die nun nach dem Ableben der Erzherzogin erneut Morgenluft witterten. Eine der ersten Maßnahmen war, daß sie Maximilian die Vormundschaft über Philipp entzogen. So wie sie damals Maria, die in Brüssel geboren war, in ihre Obhut genommen hatten, so wollten sie auch gegenüber ihrem Sohn bekunden, daß er als Kind flämischer Erde in erster Linie ihnen anvertraut sei, und nicht seinem landesfremden Vater. Maximilian aber sah sich herausgefordert und verscherzte, wie man leider sagen muß, durch absolutistischen Starrsinn auch die letzten Sympathien, die ihm als Gemahl der unvergessenen Herzogin verblieben waren. Zeitweise wurde er in Brügge sogar gefangengesetzt. Schließlich verließ er 1489 nach langjährigem aufreibenden Erbfolgekrieg mit den Franzosen und seinen niederländischen Untertanen das Land, um an der ungarischen Front für Habsburg zu streiten. Dennoch verteidigte er auch seine Ansprüche im Westen hartnäckig, bis ihm dann endlich 1493 im Vertrag von Senlis Erfolg beschieden war: Die Freigrafschaft Burgund sowie die Niederlande sollten fortan fest in der Hand des Hauses Habsburg verbleiben.

So sehr ihn das burgundische Erbe belastet hatte, Maria von Burgund lebte in seiner Erinnerung so nachhaltig fort, daß jede Wiedervermählung für ihn nur ein schwacher Abglanz des früheren Glückes sein konnte. Als er dann 1493 als König bzw. Kaiser die Nachfolge seines Vaters antrat, mußte man ihn geradezu drängen, erneut zu heiraten. »Leidtragende« war die schöne, aber nicht eben geistreiche Bianca Maria Sforza, eine Nichte des Herzogs von Mailand. So sehr sie sich um die Zuneigung des Kaisers bemühte, es gelang ihr nicht, die Bande zu lockern, die Maximilian bis zu seinem Lebensende an die unsterblich Geliebte fesselten. Da die Ehe ohne Nachkommen blieb, war Maria für Maximilian um so mehr gegenwärtig, als sie in ihren gemeinsamen Kindern weiterlebte.

Ihre Kinder: Habsburgs Zukunft

Philipp der Schöne

Philipp wußte schon als Knabe durch seinen von den Eltern ererbten Charme und seine hübsche Erscheinung (er war blond und blauäugig) für sich einzunehmen. Seine Erziehung war bei der Großmutter Margarete von York in besten Händen. Sein Vater erklärte ihn kurz nach der Erlangung der Kaiserwürde 1493 für großjährig. Er konnte es wagen, seinen erst 16jährigen Sohn mit den Regierungsgeschäften in den Niederlanden zu betrauen, da an der französischen Front durch den Vertrag von Senlis und die nunmehr nach Italien orientierte Politik des Nachbarlandes Ruhe eingekehrt war. Den Ausschlag für diese Entscheidung aber gab letzthin das Einverständnis der Landstände, bei denen Philipp als gebürtiger Flame und Sohn seiner unvergessenen Mutter viele Sympathien genoß.

Im übrigen hielt sich Maximilian an den bewährten Wahlspruch Tu Felix Austria Nube. Diesmal wurde das spanische Königshaus anvisiert, denn eine Verbindung Habsburg–Aragon lag angesichts der Wendung der französischen Politik nach Italien nahe. So wurde also die Heirat Philipps des Schönen, Herr der Niederlande, mit der spanischen Erbtochter Juana (Johanna) eingefädelt (1496). Von den sechs Kindern aus dieser Ehe verdient der spätere Kaiser Karl V. besondere Erwähnung. Er wurde 1500 in Gent geboren. In eben diesem Jahr wurde Juana die Nachfolge in den spanischen Landen zugesprochen. Dazu zählten auch das Königreich Neapel, also Unteritalien mit Sizilien, sowie die spanischen Kolonien in der Neuen Welt. Erbe dieses weltumspannenden Reiches, in dem die Sonne nicht unterging, aber sollte 1519 Kaiser Karl werden, der Enkelsproß jener historischen Hochzeit von 1477, die Maria von Burgund zur Ahnherrin des Imperiums Habsburg werden ließ. Es umfaßte neben dem spanischen Kolonialreich die burgundischen Besitzungen und die habsburgischen Lande in Deutschland und Osteuropa.

Die Ehe zwischen Philipp und Johanna war anfangs glücklich, sah sich jedoch zusehends Belastungen ausgesetzt und fand 1506 ein jähes Ende, da Philipp ähnlich wie seine Mutter Maria schon früh auf ungewöhnliche Weise verstarb. Auslösend für seine zum Tode führende Krankheit soll der Genuß eiskalten Wassers nach starker Erhitzung gewesen sein. Andererseits hält man es nicht für ausgeschlossen, daß er vergiftet wurde. Nicht minder tragisch war, daß seine Gattin Johanna, die in ihren Mann oft wie von Sinnen vernarrt war, ob dieses Verlustes vollends den Verstand verlor und als »Johanna die Wahnsinnige« in die Geschichte einging.

Die bleierne Herzurne Philipps des Schönen wurde neben den Gebeinen seiner Mutter in der Liebfrauenkirche zu Brügge beigesetzt.

Margarete von Österreich

Während sich Philipp viele Jahre hindurch der Betreuung durch Margarete von York erfreuen durfte, wurde seine Schwester bereits wenige Monate nach dem Tode Marias ihrer Pflegemutter in Mecheln wieder entzogen. Maximilian hatte sich nämlich im Frieden von Arras damit abfinden müssen, sein Töchterchen dem gleichfalls noch minderjährigen Dauphin zu verloben. Entsprechend wurde das erst dreijährige Mädchen zur Sicherung dieses politischen Geschäfts und zur weiteren Erziehung dem Königshof in Amboise überantwortet. Karl VIII. aber, inzwischen König geworden, verspürte als 21jähriger wenig Neigung, sich seiner 9 Jahre jüngeren Braut weiterhin verbunden zu fühlen. Vielmehr hielt er es für opportun, die Erbin der Bretagne zu heiraten. Margarete aber wurde kurzerhand wie ein Muster ohne Wert, das man umtauscht, nach Flandern zurückgeschickt. Eines der seltsamsten Kuppelgeschäfte der Weltgeschichte hatte damit ein ebenso unrühmliches Ende gefunden, war doch eben dieser König Karl VIII. schon als Säugling in die Heiratspolitik seines Vaters verstrickt worden, und zwar als Gegenspieler Maximilians. Doch in diesem Ringen um die Hand Marias hatte, wie wir ausführlich darstellten, schließlich der Sohn des Kaisers gesiegt. Die dann später programmierte Vermählung mit der Tochter Maximilians aber hätte – und das ist wahrlich paradox – aus dem ehemaligen Mitbewerber einen fragwürdigen Schwiegersohn gemacht.

Margarete, die in Frankreich bereits »die kleine Königin« hieß, war also nun wieder frei – mit der Aussicht, wie ihre Mutter nach Herzenslust, und nicht nur nach politischem Ermessen, ihren Mann zu wählen. Ihren Vater hatte sie 12 Jahre lang nicht gesehen. Die jetzt 15jährige konnte sich kaum noch an ihn erinnern. Um so herzlicher gestaltete sich im Sommer 1494 die beiderseits ersehnte Begegnung. Wehmut und Freude zugleich erfüllte den Kaiser, als er seine Tochter in forschem Galopp vor die Tore von Maastricht heranreiten sah. Wie oft war ihm seine liebe Marie in ähnlicher Weise, ungestüm wie ein Sturmwind, entgegengeflogen. Doch nicht nur ihre Eleganz zu Pferde erinnerte an die Mutter, sondern auch ihre feinen Manieren, welche die französische Schule verrieten und doch niemals gekünstelt wirkten. Und welch kluge Besonnenheit und Beherrschung bei aller jugendlichen Frische! Bei Hofe nannte sie sich »Gräfin von Artois, Franche-Comté, Auxerre, Mâcon, Herrin von Salins, Bar-sur-Seine und Noyers«. Für ihren kaum älteren Bruder aber war sie die »kleine Schwester«. Beide hatten sich gern und freuten sich stets von neuem auf ein Beisammensein in Mecheln bei der Herzogin-Witwe Margarete von York, die schon ihrer Mutter eine so verständnisvolle Freundin gewesen war.

Was nun das Heiratsgeschäft anbelangt, so knüpfte ihr Vater ein doppeltes Band, indem er sie ebenso wie ihren Bruder dem Hause Aragon empfahl. So heiratete sie 1497 – nicht ohne gegenseitige Zuneigung – den Infanten Johann, den spanischen Thronfolger. Dieser starb jedoch wenige Monate nach der Hochzeit. Zu einem echten Liebesbund wurde dann 1501 die Ehe mit Philibert von Savoyen. Davon kündet auch die kunstgeschichtlich bedeutsame Kirche von Brou (en Bresse), die Margarete zum Gedächtnis an ihren gleichfalls früh verstorbenen zweiten Gemahl errichten ließ. Die Erinnerung an Philibert war ihr so teuer, daß sie von einer erneuten Heirat absah. Stattdessen stellte sie sich ihrem Vater als Statthalterin in den Niederlanden zur Verfügung. Von Mecheln aus, dem Sitz der Generalstände, leitete sie von 1507 bis zu ihrem Tode 1530, allgemein geachtet und beliebt, die Geschicke der Niederlande, Burgunds und Savoyens. Wie ihre Mutter verstand sie es, entschlossen, aber auch mit feinfühligem Takt ihres Amtes zu walten. Berühmt wurde sie nicht zuletzt durch den sogenannten »Damenfrieden« von Cambrai 1529, in dem sie zusammen mit Louise von Savoyen zwischen Karl V. und Franz I. vermittelte.

Abschließend sei bemerkt, daß sowohl Margarete wie auch Philipp nicht nur wegen ihrer charakterlichen Qualitäten, sondern auch physisch (»der Schöne«) überaus anziehend wirkten. Das beweisen nicht zuletzt die fundierten Ehen, von denen die Rede war. Sie alle waren wie die der Vorfahren, nämlich Karls des Kühnen mit Isabelle sowie Marias mit Maximilian, von echter, wenn nicht gar leidenschaftlicher Zuneigung geprägt. So haben drei Generationen ehelicher Liebe und Treue ein Denkmal gesetzt – eine wohl einmalige Tradition inmitten einer höfischen Welt, der vornehmlich Genuß und politisches Kalkül als Maßstab dienten.

Margarete von York

Neben Maximilian und seinen Kindern war wohl niemand vom Tode Marias mehr betroffen als Margarete von York. Nach dem Verhängnis von Nancy hatte sich die Witwe Karls des Kühnen vermehrt dem Wohlergehen ihrer vielgeliebten Tochter (»carissima filia«) gewidmet. Sie hatte bereits früher Freud und Leid mit ihr geteilt. Marias Liebesbund mit Maximilian hatte auch sie beglückt. In der Tat bewundernswert, wie diese außerordentliche Frau, selbst immer noch höchst attraktiv, entsagungsbereit zurücktrat, um dem familiären und politischen Wohlergehen des Hauses Habsburg/Burgund zu dienen. Mit Klugheit und Takt hatte sie immer ausgleichend gewirkt. Nicht zuletzt wegen ihrer Herzensgüte und Frömmigkeit war sie auch bei der Bevölkerung überaus beliebt. Noch heute tragen verschiedene karitative Einrichtungen, die sie begründete, ihren Namen. Sie wirkte auch bei der Reform der Frauenklöster mit und stand dieserhalb mit Kardinal Cusanus (Bernkastel-Kues) in Verbindung.

Bis zu ihrem Tode 1503 residierte sie, allseits beliebt und hochgeehrt, in ihrem Witwensitz an der Keizerstraat zu Mecheln. Dieser ehemalige Bischofshof hat sich bis heute erhalten. Dort wuchsen, wie wir bereits hörten, (vorübergehend) auch die Kinder Philipp und Margarete auf. Maximilian hatte sie ihrer Obhut anvertraut. Auf diese Weise wurde für sie der Verlust ihrer »belle-fille« Marie weniger schmerzvoll. Im Jahre 1500 war sie Patin des Enkels ihres Mannes, des späteren Kaisers Karls V. Sie war damals 54 Jahre alt. Drei Jahre später verstarb sie.

Gedenkstätten für Maria von Burgund

1502 ließ Philipp der Schöne für seine Mutter an der Stelle ihrer Beisetzung ein Grabdenkmal aus schwarzem Marmor und vergoldetem Kupfer errichten. Als Schöpfer dieses Meisterwerks wird der Goldschmied Pieter de Beckere aus Brüssel angesehen. Es hält sich noch ganz in der gotischen Tradition und dürfte sich nach neuestem Befund (anatomische Untersuchung des verbliebenen Skeletts durch Prof. Dr. P. Janssens) um eine lebensechte Gestaltung handeln. Sie stellt Maria auf ihrem Sarkophag liegend dar. Ihr Kopf ruht auf einem Kissen. Ihre schmalen, fein modellierten Hände sind wie zum Gebet erhoben. Feierlich ernst ist das edle, mädchenhafte Gesicht, und dennoch scheint es, als spiele ein leises Lächeln um ihre Lippen. Die gewölbte Stirn umschließt eine juwelen-geschmückte Samthaube und die siebenzackige Krone. Der Mantel, der ihr Gewand umhüllt, ist reich bestickt. Rund um die marmorne Deckplatte sind die 18 Wappen ihrer Besitzungen angebracht. Auf den beiden Längsseiten der Tumba halten Engel 62 emaillierte Wappenschilder ihrer Vorfahren, eingeflochten in die verschlungenen Zweige des Stammbaums. Eine der Stirnseiten ziert das 16teilige Wappen der Herzogin. Als Eckpfeiler wachen die vier Evangelisten.

Ein zweites Grabdenkmal existiert in der Hofkirche zu Innsbruck, wo Maximilian seiner Gemahlin inmitten des großartigen Kaiser-Monuments eine überlebensgroße Statue setzen ließ: die kostbare Erzfigur Sesselschreibers mit den schönen Händen, der Krone und dem spitzen Turban auf dem Scheitel.

Die dritte Gedenkstätte für Maria befand sich bis 1830 in der Kirche St. Michael zu Antwerpen. Dort war nämlich ihr Herz neben den Gebeinen ihrer Mutter Isabelle de Bourbon beigesetzt. Leider existiert diese Kirche nicht mehr; sie wurde 1830 bei einer Beschießung der Stadt zerstört.

Die Gebeine Marias ruhen bis zum heutigen Tage im Hochchor der Liebfrauenkirche zu Brügge. Der Sarkophag dagegen wurde ebenso wie der ihres Vaters 1803 in die

Lanchalskapelle (benannt nach einem Berater Maximilians) verlegt. Sie wurde so dem Zugriff französischer Revolutionstruppen entzogen. Die Gräber selbst aber wurden, wie ein zeitgenössischer Bericht besagt, geschändet. Der Bleisarg der Herzogin wurde verkauft, während ihre Gebeine ebenso wie die Herzurne Philipps des Schönen achtlos in die verbleibende Grube geworfen wurden.

Durch die Liturgie-Erneuerung der jüngsten Zeit, die den Hochchor als musealen Bereich ermöglicht, konnten die Grabmäler jedoch wieder über den ursprünglichen Gruften eingerichtet werden. Im Hinblick auf den 500. Todestag der Herzogin wurden diese Arbeiten 1979 beschleunigt in Angriff genommen. Bei der archäologischen Untersuchung konnten die Gebeine der Herzogin und auch die Herzurne Philipps des Schönen unter dem Schutt, mit dem die Gruft aufgefüllt war, wiedergefunden und zuverlässig identifiziert werden. Es war sogar möglich, die Verletzungen, welche die Herzogin sich bei dem Unfall zugezogen hatte, näher zu bestimmen.

Auf dem Sarkophag befindet sich in gotischen Lettern die Grabschrift: ... Regrettée, plainte et plorée fust de ses subjects et de tous aultres qui la cognoissoient aultant que le fust oncques Princesse. Priez Dieu pour son âme. Amen.

Bedauert, beklagt und beweint von ihren Untertanen und allen anderen, die sie kannten ... Bittet Gott für ihre Seele.

In früheren Jahrhunderten zeigte man noch lange Zeit das Zimmer, in dem die Herzogin diese ihre Seele »in die Hand des Schöpfers zurückgegeben« hatte. Es befand sich im Palais »Prinsenhof«, der jedoch nach und nach seine Funktion als Residenz verlor und 1649 an einen Unternehmer namens Roger de Ghelders verkauft wurde. Dieser nahm zahlreiche bauliche Veränderungen in dem ganzen Bereich vor, bis dann 1662 englische Franziskanerinnen hier ein Kloster einrichteten und so für die Zukunft einen ruhenden Pol schufen – sogar über die französische Revolution hinaus, die weitere gewaltsame Eingriffe mit sich brachte. Jedenfalls überdauerte der Zentralbau des Klosters nebst Gartenanlage. 1888 wurde er von den Schwestern »de la Retraite du Sacré-Coeur« erworben und bis zum heutigen Tage zum Besten der zahlreichen karitativen

Aufgaben, die dieser Orden sich gestellt hat, stetig erweitert. Zwar kann sich der heutige »Prinsenhof«, was Ausdehnung und Pracht anbelangt, nicht mit dem der Herzogin vergleichen, aber er hat doch viel von der damaligen Atmosphäre in unsere Zeit hinübergerettet: jene Bereitschaft zum Dienst und auch die Anmut und Würde, die zumal Marie de Bourgogne so vorbildlich verkörperte.

Zu Recht wird ihr Andenken gerade auch hier in Ehren gehalten. So sehen wir auf der Titelseite der Schrift »L'histoire du Prinsenhof« eine hübsche Darstellung der Herzogin mit dem Falken als Nachbildung zu einer Statue, die sich im Hause gefunden hat. Besonders bemerkenswert ist der Hinweis auf das vermutliche Sterbezimmer der Herzogin in der 1. Etage des heute viergeschossigen Gebäudes. Der genaue Nachweis ist zwar schwierig, doch deuten manche bauliche Gegebenheiten darauf, daß diese mündliche Überlieferung zutrifft. Das geräumige Zimmer mit der kostbaren Stuckdecke und dem Ausblick in den Garten wird heute von einer Dame »en retraite« bewohnt und ist deshalb nicht zugängig. Man darf jedoch versichern, daß dieser nach der Herzogin benannte Raum sehr stilvoll und würdig ausgestattet ist. Überhaupt ist der ganze Bereich, der im Stadtplan nach wie vor als »Prinsenhof« gekennzeichnet ist, eine beschauliche Oase geblieben, die, wie fast überall in Brügge, dazu einlädt, auf den Spuren der Herzogin zu wandeln. Zur Orientierung: Der Bereich »Prinsenhof« befindet sich nur einige 100 Meter westlich des Großen Marktes in Nähe der Noordzandstraat.

In diesem Zusammenhang sei angemerkt, daß der »Prinsenhof« (Ten Walle) zu Gent gegen Ende des 18. Jahrhunderts nahezu völlig von der Bildfläche verschwunden ist. Lediglich eine Straßenbezeichnung »Prinsenhof« sowie ein Torbau (etwa 1 km nördlich der Innenstadt) geben der Phantasie einen Anhalt: Etwa hier also nahte Ritter Maximilian pochenden Herzens seiner sehnsüchtig wartenden Braut. Die Geburtsstätte ihres Enkels, Kaiser Karl V., wird jedoch durch eine Gedenktafel an einem Haus in der Mirabellostraße recht genau bezeichnet. Auch Marias Geburtsstätte in Schloß Coudenberg zu Brüssel ist vergangen. Heute überdecken Hotels und Geschäftshäuser die einst weitläufigen Anlagen.

Brügge aber bewahrt außer den Prinsenhof-Reminiszenzen und der fürstlichen Tumba in der Liebfrauenkirche noch andere Denkmäler, welche die Erinnerung an die Herzogin wachhalten, so eine Skulptur über dem Eingang zur Heiligblut-Basilika. Sie zeigt Maria als Jägerin mit dem Falken. In der oberen Kapelle dieser Basilika ist ihr ferner ein Glasfenster gewidmet. Außerdem befindet sich im Priesterseminar eine Darstellung der Herzogin von einem Meister des 15. Jahrhunderts. Schließlich wurde ihr verhängnisvoller Sturz vom Pferde Thema eines Gemäldes von Camiel van Cant (1878). Es ist heute in der »Bogaerdenkapel« zu sehen. Auch sei nochmals auf das Altarbild von Hans Memling verwiesen.

So ist die edle, vom frühen Tod verklärte Gestalt der jungen Prinzessin im Gedächtnis des Volkes lebendig geblieben. Dazu haben natürlich auch Biographien, Chroniken und andere schriftliche Würdigungen beigetragen. Nicht zuletzt hofft die vorliegende, der Herzogin zum 500. Todestag gewidmete Biographie, unter den literarischen Denkmälern einen ehrenvollen Platz zu finden. Unzählige Nachrufe haben ihr Andenken durch die Jahrhunderte bewahrt. Hier sei eine charakteristische Auswahl zitiert. Sie möge beglaubigen, daß die in unserem Opus gebotene Laudatio wohlbegründet ist:

François Villon (zeitgenössischer Dichter):
Marie, nom très gracieux,
Fons de pitié, source de grâce
(gracieux... grâce – also Inbegriff der Grazie)

Philippe de Commynes (Zeitgenosse):
Elle estoit très-honneste dame et bien aimée de ses sujets, et lui portoient plus de révérence qu'à son mary.

Sie war eine sehr ehrenwerte Dame und bei ihren Untertanen überaus beliebt, und sie erwiesen ihr mehr Hochachtung als ihrem Gatten.

Molinet (Zeitgenosse) rühmt der Herzogin Anmut, Anstand, Demut, Sittsamkeit, Freundlichkeit, Klugheit und Standhaftigkeit – (gratieuseté, honnesteté, humilité, chasteté, affabilité, prudence et constance).

Delepierre 1841 (Übersetzung aus dem Französischen):
Alle bewunderten an ihr diese liebenswürdige Anmut, die
großmütig über Beleidigungen hinwegsah; dieses Herz,
dem jeder Gedanke an Rache widerstrebte, und das stets
darauf bedacht war, Wohltaten und Gefälligkeiten zu
erweisen; dieses rührende Feingefühl gegenüber ihren
Untertanen als vornehmste Eigenschaft der Regenten;
diese Hingabe an all ihre Pflichten als Tochter, Gattin,
Mutter, Freundin, Regentin; dieser vorbildliche Sinn für
Ordnung und Gerechtigkeit; diese Ergebung im Unglück,
diese Bescheidenheit im Wohlstand.

(Tous admiraient en elle cette douceur affable, généreuse
et supérieure aux outrages, ce coeur auquel eût répugné
toute idée de vengeance et qui n'avait su jamais que
dispenser des bienfaits et des grâces, cette tendresse tou-
chante pour ses peuples, première qualité des souverains,
cet attachement à tous ses devoirs de fille, d'épouse, de
mère, d'amie, de souveraine, cet amour de l'ordre et de la
justice, cette résignation dans le malheur, cette modestie
dans la prospérité).

Sie ließ sich die Zügel der Regierungs-Geschäfte keineswegs aus der Hand nehmen, und zwar durchaus zum
Vorteil des Erzherzogs und der Generalstaaten.

Sie besaß alle guten Eigenschaften, die eine Frau besitzen
kann. Und so war sie allgemein beliebt, und tiefstes Bedau-
ern folgte ihr über das Grab hinaus. (6)

Dumont 1942 (Übersetzung aus dem Französischen):
Maria wußte, was sie wollte, und ließ sich vom Schicksal
nicht entwaffnen. Nach dem Unheil von Nancy suchte sie
nicht das Mitleid der Untertanen, sondern ihre Achtung
und Unterstützung. Ihr Vater hatte nur Groll und Unmut
hinterlassen. Der Herzogin aber gelang es, selbst die
Hochachtung und Liebe der Rebellen zurückzugewinnen,
die ihre treuesten Freunde und Berater hingerichtet hatten . . . Schließlich war es ihr gelungen, allen Stürmen und
Tücken zum Trotz die nördlichen Provinzen intakt zu
halten. In der überaus schwierigen Lage bis zu ihrer Heirat
bewährte sie sich als energische und kluge Landesfürstin.
(11)

P. van Ussel 1944 (Übersetzung aus dem Flämischen):
Maria von Burgund war Frau und Prinzessin: sie besaß
Herz aber auch Willenskraft. Aus ihrem Antlitz sprachen
Güte, Unschuld und schlichte Natürlichkeit. Auch in den
Chroniken der Zeitgenossen spricht ihre harmonische Per-
sönlichkeit zu uns. (28)

Helmut Domke 1964:
Auch wenn Maria nur das kurze Leben einer leuchtenden
Sternschnuppe beschieden war – sie glänzte hell genug,
um bis heute zu strahlen. (10)

Zeittafel zur Geschichte Burgunds

Die Burgunder, ein ostgermanisches Volk, ursprünglich in Skandinavien und auf Bornholm (»Burgundarholm«), im

2. Jh. n. Chr.	zwischen der mittleren Weichsel und Oder ansässig, gelangte
406	an den Rhein (Worms, Mainz) und errichtete dort ein Königreich, das
436	von den Hunnen zerstört wurde (Nibelungenlied). Die Reste des Volkes gründeten
443	an der Rhone ein neues Reich, das (seit 461 Königssitz Lyon)
534	dem Frankenreich einverleibt wurde. Beim Zerfall des fränkischen Reiches entstand
879	ein Königreich Niederburgund und
888	ein Königreich Hochburgund. Beide wurden um
934	zu einem Königreich Burgund oder Arelat (nach der Hauptstadt Arles) vereinigt, das
1032	durch Kaiser Konrad II. ein Teil des deutschen Reiches wurde. Mit dem Ende der Staufer begann die Abbröckelung.

Vom Königreich Burgund sind die Grafschaft sowie das Herzogtum Burgund zu unterscheiden.

Für die Grafschaft Burgund, die sich als Territorial-Herrschaft abspaltete, kam später die Bezeichnung Freigrafschaft Burgund bzw. Franche-Comté auf (Hauptstadt Besançon). Sie entspricht etwa der heutigen gleichnamigen Region mit den Départements Haute-Saône, Doubs und Jura.

Westlich des Reiches aber regierten die Herzöge von Burgund. Ihr Herzogtum mit der Hauptstadt Dijon bestand aus anderen Gebieten als das Königreich Burgund des Hochmittelalters, das seit dem Interregnum mehr und mehr zerfiel. Dieses von Richard, dem Grafen von Autun, geschaffene Herzogtum Burgund gelangte 936 in die Hände der französischen Krone.

1156   heiratete Kaiser Friedrich I. Barbarossa Beatrix von Burgund, die Erbin der Freigrafschaft Burgund. Der französische Einfluß ließ sich jedoch auf die Dauer nicht eindämmen.

1363   Die Herzöge von Burgund sterben aus. König Johann II. von Frankreich belehnt seinen jüngeren Sohn Philipp den Kühnen (1363–1404) mit dem Herzogtum Burgund.

1369   Entscheidend für die burgundische Staatsbildung ist die Heirat Philipps des Kühnen mit Margarethe von Flandern, die ihm nach dem Tode ihres Vaters u. a. die Grafschaften Flandern, Artois sowie die Freigrafschaft Burgund in die Ehe mitbringt. Damit ist die Grundlage Burgunds als eines französisch-deutschen Zwischenreiches geschaffen.

1404–1419   Herzog Johann ohne Furcht gewinnt durch seine Ehe mit Margaretha von Bayern die Länder Holland, Seeland, Friesland und den Hennegau.

1419–1467   Philipp der Gute fügt die Länder Brabant, Limburg und Luxemburg hinzu und dehnt seine Schutzherrschaft auch über die Kirchenländer Lüttich, Cambrai und Utrecht aus.

1430   Stiftung des Ordens vom Goldenen Vlies (Ordre de la Toison d'Or).

1477   endet mit dem Tod Karls des Kühnen (1467–1477) das burgundische Großreich. Maximilian, der Maria von Burgund heiratet, wird durch Frankreichs Ansprüche in einen langjährigen Erbfolgekrieg verwickelt. Frankreich annektiert das Herzogtum Burgund.

1482   Die Freigrafschaft fällt mit dem Verlöbnis Margarete – Dauphin an Frankreich.

1493	Mit Aufkündigung des Verlöbnisses wird die Franche-Comté Maximilian zurückerstattet, um dann bis 1678 (Ludwig XIV. – Friede von Nijmegen) im Besitz der Habsburger zu bleiben.
1789	Mit der Französischen Revolution wird das Herzogtum (Provinz) Burgund in die Départements Côte-d'Or, Saône-et-Loire und Yonne aufgeteilt. Der heutige Landschaftsbegriff Bourgogne deckt sich in etwa mit dem Kernland des alten Herzogtums. Schon seit dem frühen Mittelalter befinden sich dort die bekanntesten Weinberge Frankreichs.

Einige Daten im Hinblick auf Maria von Burgund

1454	Karl der Kühne heiratet seine Cousine Isabelle de Bourbon (30. 10.)
1457	Geburt Marias in Schloß Coudenberg zu Brüssel (13. 2.)
1461	Marias Pate Ludwig wird König (Louis XI.)
1465	Marias Mutter stirbt
1467	Karl der Kühne übernimmt nach dem Tode des Vaters, Herzog Philipp, die Regentschaft
1468	Karl der Kühne heiratet Margarete von York in Brügge
1472	Nikolaus von Kalabrien freit in Mons um Maria
1473	Karl der Kühne trifft Kaiser Friedrich III. und dessen Sohn Maximilian in Trier
1474	Der Sohn des Königs von Neapel bewirbt sich um Maria
1475	Graf Sforza von Mailand und Philibert von Savoyen als Freier
1477	Tod Karls des Kühnen bei Nancy (5. 1.)
1477	Herzogin Maria gewährt das »Grand Privilège« von Gent

1477	Ihre Ratgeber Hugonet und d'Humbercourt werden hingerichtet (3. 4.)
1477	Ferntrauung (»per procurationem«) in Brügge (21. 4.)
1477	Hochzeit in Gent (18. 8.)
1478	Philipp (»der Schöne«) kommt zur Welt (22. 6.)
1480	Margarete (von Österreich) wird geboren
1482	Tod Marias in Brügge (27. 3.)

Benutzte Literatur

1 Archives de la ville de Bruges, Inventaire, 1876, Band VI
2 Berühmte Frauen der Weltgeschichte, Lux, Murnau, o.J.
3 Calmette, J., Die großen Herzöge von Burgund, München 1968
4 Chastellain, Georges, Oeuvres, ed. Kervin de Lettenhove, Genf 1971
5 Commynes, Philippe de, Memoiren, in neuer Übertragung von Fritz Ernst, Stuttgart 1952
6 Delepierre, Octave, Marie de Bourgogne, Bruxelles 1841
7 Dericum, Christa, Maximilian I., München 1979
8 Dieck, Angelika, Die Hochzeiten von Flandern, Film und Frau, 8/1957
9 Domke, Helmut, Burgund, München 1963
10 Domke, Helmut, Flandern, München 1964
11 Dumont, G. H., Marie de Bourgogne, Bruxelles 1942
12 Encyclopaedia Britannica, London 1977
13 Fichtenau, Heinrich, Der junge Maximilian, München 1959
14 Fürstliches Jagen, Insel-Bücherei Nr. 673
15 Grill, Heinz, Maximilian I. und seine Zeit, Innsbruck o. J.
16 Habsburg, Otto von, Karl V., Wien 1967
17 Hommel, Luc, Marie de Bourgogne ou le Grand Héritage, Bruxelles 1951
18 Huizinga, J., Herbst des Mittelalters, Stuttgart 1939
19 Kraus, Victor von, Maximilians I. vertraulicher Briefwechsel mit Sigmund Prüschenk, Innsbruck 1875
20 Linden, Herman van der, Itinéraires de Marie de Bourgogne et de Maximilien d'Autriche 1477–1482, Bruxelles 1934
21 Linden, Herman van der, Itinéraires de Charles, Duc de Bourgogne, Marguerite d'York et Marie de Bourgogne 1467–1477, Bruxelles 1936
22 McGuigan, Gies, Familie Habsburg, Wien 1976
23 Maximilian, Weißkunig, hrsg. H. Th. Musper, Stuttgart 1956
24 Rausch, Karl, Die Burgundische Heirat Maximilians I., Wien 1880
25 Schelle, Klaus, Karl der Kühne, Stuttgart 1977
26 Universal-Lexicon aller Wissenschaften und Künste, 19. Band, Halle-Leipzig 1739
27 Unterkircher, Franz, Burgundisches Brevier, Graz 1974
28 Ussel, P. van, Maria van Bourgondie, Brügge 1944
29 Wiesflecker, Hermann, Kaiser Maximilian I., München 1971
30 Will, Heinz, Maria von Burgund, Herzogin von Kleve (1394–1463), Kleve 1967
31 Winker, Elsa, Margarete von Österreich, München
32 De Witte, Hubert, Kroniek en korte berichten, Archeologisch onderzoek te Brugge, in Zeitschrift »Het Brugs Ommeland«, Jaargang 1979–1980

Diese Maria von Burgund gewidmete Biographie (wohl die erste umfassende in deutscher Sprache) ist nicht denkbar ohne die von den vorgenannten Autoren geleisteten Beiträge. Insbesondere gilt dies für die Studien von Hommel, McGuigan und Wiesflekker, die genaue Hinweise zu den jeweiligen Quellen geben und den neuesten Stand der Forschung berücksichtigen.

Um dem wissenschaftlich interessierten Leser eine Bibliographie zu bieten, die noch umfassender ist als die oben benannte, seien Wiesfleckers Hinweise zitiert, die er dem Kapitel »Maximilian heiratet Maria von Burgund« anfügt:

»Die eingehendste Darstellung und Dokumentation der burgundischen Heirat enthält derzeit noch immer Rausch; daneben ist noch von Wert Münch (vor allem wegen der Quellen); außerdem Barante, Kervyn de Lettenhove, neuerdings Hommel und Dumont; kürzer faßt sich Pirenne. Ergiebig sind auch die einschlägigen Kapitel bei Bachmann und Neubauer. Von den gedruckten Quellen bieten das meiste die Sammlungen von Chmel, Kraus (Briefwechsel) und Müller (Reichstags-Theatrum unter Maximilian). Die einschlägigen erzählenden Quellen sind Molinet, Olivier de la Marche, Commines, die sowohl den burgundischen als auch den französischen Standpunkt wiedergeben; außerdem Delepierre (Chronique), Roo, Pontus Heuterus und Fugger-Birken. Wertvolle Literaturhinweise verdanke ich der Sammlung Probszt.«

Darüber hinaus sei auf die Autobiographie Kaiser Maximilians »Weißkunig« verwiesen. Dieser Prosa-Erzählung fügte er später in Erinnerung an seine Brautfahrt nach Burgund das Versepos »Theuerdank« hinzu.

Der Autor hat eine erzählerisch aufgelockerte Form der Darstellung gewählt, die jedoch auf historische Zuverlässigkeit Wert legt. Nur gelegentlich wurde im Interesse eines möglichst farbigen Kolorits die Szene im Stil der Zeit ausgemalt. Um den Fluß der Darstellung nicht zu stören, wurden Fußnoten vermieden; Zitate sind den oben genannten Werken entnommen.

Für die Durchsicht des Manuskripts und manch wertvolle Anregung danke ich meiner Frau Dr. med. Gisela Vossen sowie meinem Freund Dr. iur. Hubertus Brockmann.

Bei der Beschaffung der französischen, flämischen und deutschen Literatur waren Bibliothek und Archiv der Stadt Brügge sowie die Universitäts-Bibliothek Düsseldorf dankenswert behilflich.

Bildnachweis

Schutzumschlag: Maximilian und seine Braut. Anonyme Zeichnung, 2. Hälfte des 15. Jahrhunderts. Darüber in alter Handschrift: »In dergleichen Habit hat Kayser Maximilian hochlöblicher gedechtnus sein verlobten Gemahl, das Frewlein von Burgund, erstlich besucht.«
Archiv für Kunst und Geschichte, Berlin.

In der Reihenfolge des Bildteils:

1 Maria von Burgund. Um 1500, nach einem älteren Original, Niclas Reiser bzw. Hans Maler zugeschrieben, Gemälde auf Holz, 79 × 46 cm, befindet sich in der Schatzkammer der Wiener Hofburg.
Wiedergabe nach einem Ektachrom im Besitz des Kunsthistorischen Museums, Wien (Photo Albrecht, Innsbruck).

2 Isabella von Bourbon. Unbekannter flämischer Meister des 15. Jahrhunderts. Das Originalgemälde befindet sich im Museum von Gent.
Die Vorlage verdanken wir dem Archiv für Kunst und Geschichte, Berlin.

3 Karl der Kühne. Unbekannter flämischer Meister des 15. Jahrhunderts.
Das Originalgemälde befindet sich im Museum von Gent.
Die Vorlage verdanken wir dem Archiv für Kunst und Geschichte, Berlin.

4 Maria von Burgund. Detail des Gemäldes »Die Vermählung der Hl. Katharina« von Hans Memling, 1479. Brügge, St. Janshospitaal, Memlingmuseum.

5 Maximilian mit Goldenem Vlies. Nach einem Gemälde des Joos van Cleve (1480–1540), das vermutlich auf ein älteres Verlobungsbild des Erzherzogs zurückgeht.
Es befindet sich in der Schatzkammer der Wiener Hofburg.
Wiedergabe nach einem Ektachrom im Besitz des Kunsthistorischen Museums, Wien (Photo Meyer, Wien).

6 Maria zu Pferde. Miniatur aus einer flämischen Handschrift um 1500. Brügge, Stadsbibliotheek.
Die Vorlage verdanken wir dem Prestel Verlag, München.

7 Maximilian wird von seiner Gattin und Sohn Philipp nach der Schlacht bei Guinegate (7. 8. 1479) in Gent begrüßt. Gemälde von Alois Hans Schramm. Bildarchiv der Österreichischen Nationalbibliothek, Wien.

8 Maria von Burgund. Detail des Grabdenkmals in der Hofkirche zu Innsbruck, Guß 1517, Werkstatt Sesselschreiber. Photo Leonhard von Matt. Die Abbildung wurde dem Werk »Die Hofkirche von Innsbruck« von Erich Egg, Tyrolia-Verlag Innsbruck-Wien-München, entnommen.

Namen- und Ortsregister

178

Mutter Latein und ihre Töchter
Weltsprachen und ihr Ahnenpaß

ein Buch von Carl Vossen, das wegen seines unterhalten-
den und lehrreichen Inhalts weltweit verbreitet ist. Bisher
11 Auflagen mit 80 000 Exemplaren.

Leser- und Presse-Echo:
Frankfurter Allgemeine Zeitung: Es kommt nicht oft vor,
daß eine Rezension ein solches Echo hervorruft.

DIE WELT: Vossen weiß anregend und unterhaltsam zu
plaudern . . . *fesselnd* im Detail, verblüffend in der Breite
des Angesprochenen. Mit einem Wort: ein Buch für Euro-
päer.

Neue Zürcher Zeitung: . . . überraschend reich und viel-
fältig im Inhalt, ansprechend, ja unterhaltsam in der Form
– ein *quicklebendiges Buch.*

W. Siewert, Oberstudienrat, Saarbrücken: Das Buch ist
eine *Fundgrube* für den Unterricht des Latein- und Franzö-
sisch-Lehrers.

Prof. Dr. W. F. Schirmer, Bonn: Ich habe das englische
Kapitel sogleich von A bis Z gelesen. Ich finde es eine
ideale Idee; das liest sich ja *für Lehrer wie für Schüler
famos* . . . Ich kenne keine Darstellung, die so umfassend
und zugleich so übersichtlich knapp ist.

Verlag Longmans Green, London: We find the treatment
ingenious . . .

Dr. Hanna-Renate Laurien, Senatorin: Ihre lebendige, mit
feinem Humor gewürzte Schreibweise verleitet . . . Mit
besonderem Vergnügen habe ich die *Traumreise* des Kaisers Claudius *von Londinium nach London* verfolgt.

200 Seiten, davon 4 farbig.
Auslieferung durch Verlag Hoch, Kronprinzenstraße 27,
4000 Düsseldorf 1

1915–1980 Fahrtenbuch eines Optimisten
unseres Autors Carl Vossen

Dieses Fahrtenbuch vermittelt Aufzeichnungen denkwürdiger Eindrücke, Erlebnisse und Begegnungen eines modernen Odysseus, der schließlich im relativ windstillen Hafen des Lehramtes wieder vor Anker ging – mit stetem Blick auf die Leuchttürme, die seinen Optimismus und seine Dankespflicht begründen. Schauplätze der Handlung sind u. a. Berlin, Warschau, Bonn, Rom, Düsseldorf, London, Vancouver, New York und Paris.
Dieses Buch ist all denen gewidmet, deren Adel der Gesinnung uns im Glauben an die Würde des Menschen bestärkt!

Leser- und Presse-Echo:
Prof. Dr. Heinrich Lützeler, Bonn: Ich habe Ihr Buch *mit brennendem Interesse* gelesen. Es ist *meisterhaft* geschrieben.
Zeitschrift »Die Höhere Schule«: Der Autor, dessen Name seit »Mutter Latein und ihre Töchter« bzw. der Neufassung »Latein, Muttersprache Europas« zum Markenzeichen geworden ist, hat es verstanden, ein *lebendiges Bild* unseres wechselvollen Säkulums zu entwerfen.
Dr. med. Scheer, Düsseldorf:
     Man kann die meisterhafte Weise,
     mit der Sie auf der langen Reise
     den Leser durch die Jahre führen,
     in jeder Ihrer Zeilen spüren.
Rheinischer Bücherbrief, Buchhandlung Röhrscheid, Bonn: Voller Erfahrungen und Einsichten ist diese *Lebens- und Weltchronik* des rheinischen Schulmannes, der durch sein Buch »Latein – Muttersprache Europas« weltbekannt wurde.
Oberstudienrat Mose, Ostbevern: Eine *herzerfrischende Lektüre!* Gratulor.

295 Seiten, davon 16 zum Teil farbig.
Auslieferung durch Verlag Hoch, Kronprinzenstraße 27, 4000 Düsseldorf 1

Die große Biographie über den Vater von Maria von Burgund:

Klaus Schelle
Karl der Kühne

Burgund zwischen Lilienbanner und Reichsadler

Karl der Kühne, der letzte Burgunderherzog, ist, wie die Neue Zürcher Zeitung schrieb, »nicht nur ein Kriegsheld, sondern auch eine zentrale Gestalt europäischer Geistesgeschichte«.

Die Rheinpfalz: »Karls Leistungen werden deutlich in einem faszinierenden Gemälde dieses Mannes und seiner Zeit, das Klaus Schelle, ein gründlicher Kenner der Geschichte des ausgehenden Mittelalters, meisterlich ausgeführt hat . . . Klaus Schelle ist mit diesem Buch ein Wurf gelungen. Er läßt noch einmal die Glanzzeit Burgunds aufleben, die Spätblüte höfischer Kultur, in der mittelalterliche und renaissancehafte Züge eine einzigartige Symbiose eingehen. Er verdeutlicht die wahrhaft weltpolitische Stellung, die Burgund in diesem Jahrhundert einnimmt. Er würdigt die ungeheuren Leistungen an Energie, an politischer Klugheit und Umsicht, an planvollem wirtschaftlichem Denken, an kulturellem Verständnis, mit dem diplomatischen Geschick hochbegabter Herrscher, die ein Gebäude aufgerichtet haben, mit dem eine sechshundert Jahre alte karolingische Idee zu neuem Leben erweckt wurde: das alte Reich Lotharingien.«

Stuttgarter Zeitung: »Das Bild, das Klaus Schelle von Karl dem Kühnen zeichnet, hat etwas Holzschnittartiges, vermittelt etwas von der hochgradigen Stilisierung der Person und Umgebung dieses kultivierten, sprachgewandten, stolzen und mutigen Mannes.«

Schelle ist mit seinem »Karl der Kühne« gelungen, was selten gelingt: Geschichte nicht als abgelebtes Stück Wirklichkeit, sondern als wirkende Überlieferung zu schreiben. Die prachtvollen Bildtafeln erhöhen die Anschaulichkeit dieses außergewöhnlichen Werkes.

Seewald Verlag Stuttgart